Herder Taschenbuch 1603

für Dich, Sabine,
zum Abschied
und zum Neubeginn,
herzlichst,
Deine Ute

Januar 1992

Über das Buch

Das Psalmengebet war nicht nur eine fromme Übung, sondern buchstäblich auch ein therapeutischer Prozeß. Aus tiefer Not richtete man sich an den Worten auf, befreite sich aus Angst. Erich Fromm hat auf diese heilende Kraft der Psalmen hingewiesen. Seine Anregung aufgreifend, verknüpft der Karlsruher Theologe und Therapeut überlieferte Bilder und Gedanken der Psalmen mit aktuellen tiefenpsychologischen Erfahrungen. Eindrucksvoll zeigt er vor allem am Beispiel der Feindschilderungen, wie man auch heute noch im Psalmengebet einen Weg aus der Depression, einen Weg der Hoffnung finden kann.

Über den Autor

Helmut Jaschke, Dr. theol., Jahrgang 1942, verheiratet, drei Kinder. Studium der katholischen Theologie, Geschichte und Politik in Freiburg und Rom. Tiefenpsychologische Zusatzausbildung. Nach Lehrtätigkeit am Gymnasium seit 1980 Professor für Katholische Theologie und Religionspädagogik an der Pädagogischen Hochschule Karlsruhe. Psychotherapeutische Beratung.

Helmut Jaschke

„Aus der Tiefe rufe ich, Herr, zu Dir“

Psychotherapie aus den Psalmen

Herder Taschenbuch Verlag

Originalausgabe
erstmals veröffentlicht als Herder-Taschenbuch

1. Auflage März 1989
2. Auflage Mai 1990

Herder Freiburg · Basel · Wien
Herstellung: Freiburger Graphische Betriebe 1990
ISBN 3-451-08603-4

Inhalt

Statt einer Einleitung

„Denk ich an Gott, muß ich seufzen;
sinne ich nach, dann will mein Geist verzagen.“ (Ps 77,4)

Ich zögere, meine Gedanken und Gefühle niederzuschreiben, die sich bei dem Stichwort „Psalmen“ einstellen. Am deutlichsten spüre ich eine große Mutlosigkeit in mir. So viele haben schon über Psalmen geschrieben, theologische Abhandlungen, Auslegungen, Gebetsschulen und persönliche Zeugnisse dazu verfaßt. Es kann gar nichts geben, was nicht schon gesagt ist. Warum also die Bücherflut noch vermehren? Nehme ich mich zu wichtig, Eitelkeit ---?
In meiner eigenen Analyse und in den vielen Stunden, die ich während der letzten Jahre mit Menschen gearbeitet habe, bei denen die Nervenärzte „endogene Depression“ diagnostiziert hatten, habe ich allmählich zu begreifen gelernt, daß die „Lobpreisungen“ herausgewachsen sind aus tiefster Not und Verzweiflung über das Ausgeliefertsein an Mächte, die stärker zu sein scheinen als Gott, der „alles so herrlich regiert“. Denke ich an Gott, so wie er mir von Kindheit an vorgestellt wurde, und verschließe nicht die Augen vor der Wirklichkeit, muß ich seufzen; sinne ich nach, wie Mensch und Welt sein müßten, wenn Gott Gott wäre, dann will mein Geist verzagen.

„Ich sinne nach über die Tage von einst,
ich will denken an längst vergangene Jahre.
Mein Herz grübelt bei Nacht,
ich sinne nach, es forscht mein Geist.“ (Ps 77,7)

Erfahrungen in Therapien mit depressiven Menschen zeigten mir, daß sich Anklänge an die Psalmen immer wieder wie von selbst ergeben, wenn die Klienten ihren Zustand und ihr inneres Ringen äußerten. Die sorgfältige bibeltheologische Studie von Othmar Keel (Feinde und Gottesleugner) half mir das, was ich zunächst mehr gefühlsmäßig wahrnahm, argumentativ zu untermauern: nämlich, daß die Psalmen zu einem großen Teil das Krankheitsbild der Depression bieten und Schritte aus dieser Seelenwüste zeigen. Erich Fromm endlich hat, soweit ich sehe, auf die Parallelität zwischen den Psalmen und dem therapeutischen Prozeß ausdrücklich hingewiesen, ohne diese Beobachtung allerdings breiter zu entfalten (vgl. Kap. 2). Auf den folgenden Seiten wird dies versucht, ohne daß damit behauptet wird, die Psalmen dürften nur so ausgelegt und verstanden werden. Nein, es soll auf eine mögliche „Lesart" hingewiesen werden, die – das ist die Hoffnung des Verfassers – Menschen in seelischer Not diese uralten Gebete zugänglich machen. Daß Menschen mit diesen Worten, Seufzern und Hilfeschreien durch die Jahrhunderte ihre je eigene Not ausdrücken konnten, ist erstaunlich und nachdenkenswert.
Und doch muß heute jeder, der sich in die Welt der Psalmen vertieft, zunächst gegen den hartnäckigen Verdacht sich behaupten, daß nirgends so greifbar wie hier Religion „Opium" sei und Beten der Versuch, über dem irdischen Jammertal einen imaginären Heiligenschein zu errichten. Zwischen dem Psalmisten, der sich „vor Jahwe" stellt und uns, die wir dies nachzuvollziehen versuchen, schiebt sich der berühmte Satz von Sigmund Freud: „Es wäre ja sehr schön, wenn es einen Gott gäbe als Weltenschöpfer und gütige Vorsehung; aber es ist doch sehr auffällig, daß dies alles so ist, wie wir es wünschen müssen" (Die Zukunft einer Illusion). Trennt uns nicht dies entscheidend von damals, daß wir in seelischer Auswegslosigkeit oft keinen Gott finden, sondern das Gefühl der Sinnlosigkeit jede Faser unserer Existenz durchdringt?
Ein Klient, katholischer Theologe, der mir erlaubte, Auszüge aus seinen Tagebuchnotizen während der Therapie mitzuteilen, beschreibt dieses Gefühl so: „Psalm 143: ‚Mein Herz verzagt in mir, mir erstarrt das Herz in der Brust', wenn ich nachdenke

über die vergangenen Tage und Jahre meines Lebens. Hat es einen Sinn, Dinge wieder heraufzuholen, lebendig werden zu lassen, die ich so weit weggeschoben habe, daß sie mich direkt nicht mehr belästigen? Auf Umwegen freilich tun sie's weiter. Das weiß ich, und man kann es ja auch in jedem Psychologietaschenbuch nachlesen. Das nützt mir leider gar nichts.

Eigentlich bin ich damit schon mitten drinnen. Was mich auch heute noch am meisten fertigmacht, ist das immer wieder mich überflutende Gefühl der Leblosigkeit, einer gähnenden Leere und Verlassenheit. Ohn-macht ist da nur ein schwacher Ausdruck für das, was ich meine. Ich sitze dann da und weiß nicht, was ich tun soll. Alles, was mir einfällt, kommt mir zugleich sinnlos und öde vor. Ja, das ist es: es ödet mich alles an. Ich fühle mich schlapp und kraftlos, irgendwie müde. Und zugleich spüre ich, daß es in mir arbeitet wie unter der Oberfläche eines Vulkans. Wut. Wut ist in mir, die irgendwie betäubt wurde, oder ... ich weiß es nicht recht. Mir kommt das Bild von einem Elefanten, dem man die Stoßzähne abgehauen hat ... Ich sitze da, es sind nur die Geräusche der Straße um mich. Sonst bin ich alleine. Und ich will es auch sein, und auch wieder nicht. Ich sehne mich auch nach jemandem, der mir zuhört. – Aber wer könnte mich verstehen? *So* kennen mich nicht einmal meine engsten Angehörigen. Das ist irgendwie auch mein Geheimnis, das ich mit mir herumtrage. Lebe ich zwei Leben?

Während ich mich das frage, kommt das schlechte Gewissen. Jemand in mir sagt: ‚Du läßt dich gehen, du bist nicht ehrlich, du vergeudest deine Zeit mit Rumsitzen und Rumhängen. Oh, wie sehr mich diese Stimme im Griff hat und mich antreibt, mich wieder aufzuraffen. Vielleicht brauche ich sie?

...

Der Psalm liegt vor mir. Ja, ich bete. Wie oft habe ich schon gebetet, mein ganzes Leben lang, so weit ich mich erinnern kann, unzählige Male. Aber aus meinem Loch hat mich kein Gebet herausgeholt, kein Gott hat mir hier geholfen. Warum nicht?

„Herr erhöre mich bald, denn mein Geist wird müde."

Wie sehr sind dies meine Worte. Genauso geht es mir, wenn ich versuche, die Hände zu falten. Ich bin es müde. Es kommt mir genau sinnlos vor wie die Sucht, in die ich mich flüchte, wenn ich mich nicht mehr aushalte, oder wenn ich mich nicht mehr spüre, weil ich mir in solchen Stunden vorkomme, als wäre ich längst begraben.

...

Ich spreche das alles aus, Gott, als wärst du tatsächlich da und könntest mich hören, als könnte ich dieses Niederdrückende wirklich jemandem anvertrauen.

Ändert das etwas? Sperre ich mich ein mit meinen Gedanken und kreise so sinnlos um mich?

Du – Gott als ein Gegenüber, das mich von mir selbst erlöst? Einen Weg soll es aus dieser Finsternis geben für mich?

Welche *Feinde* halten mich denn gefangen? Ich spüre im Augenblick nur eine Wut auf mich, mich und wieder mich. Was soll ich noch hier? ..."

Der in diesem Buch geschilderte Prozeß kann eine reguläre Psychotherapie sicher oft nicht einfach ersetzen.

Aber es kann sie vielleicht unterstützen, weil er die notwendige Auseinandersetzung mit dem „dunklen Bruder" in uns anregen und dadurch zu mehr innerer Freiheit und Wahrhaftigkeit führen will.

Wenn darüber hinaus für die Menschen, die das Psalmengebet als regelmäßige geistliche Übung praktizieren, einige dunkle Stellen im Verstehen und Nachvollzug erhellt werden können, bin ich dankbar.

Ich bin mir allerdings bewußt, daß ich dem Leser Einiges zumute und ich fühle mich nicht ganz wohl dabei.

Andererseits sollte, so denke ich, das notwendige Gespräch der Theologie mit der Tiefenpsychologie (bzw. Psychotherapie) schon so geführt werden, daß es auch ernst genommen werden kann. Mit Vereinfachungen ist hier sicher niemandem geholfen. Der Leser hat m. E. Anspruch darauf, daß die anstehenden Fragen und Probleme gewissenhaft entfaltet werden, auch wenn er „nur" ein Taschenbuch liest.

So kann ich denn den Leser für manche schwierige Seite nur um Nachsicht bitten. Er wird sich die Freiheit selbst nehmen, zu überblättern und zu überlesen, was ihm unnötig erscheint.

*

Ich erinnere mich, daß ich schon als sechsjähriger Bub das Stufengebet der Messe in lateinischer Sprache auswendig lernte. Ich saß vor einer großen Papptafel, die der Pfarrer den Anfängern in die Hand gab und las die mit einem roten A versehenen Zeilen:

„Ad deum qui laetificat iuventutem meam ...“
„Zu Gott, der mich erfreut von Jugend auf.“

Erst spät erkannte ich im Wechselgebet zwischen Priester und Ministrant den Psalm 43, nach der Vulgata Ps 42 gezählt, noch viel später jedoch wurde mir bewußt, *was* ich da eigentlich sprach und daß dieser Psalmvers in meinem Mund eine glatte Lüge war. Gott war damals das Wesen, das mich bestraft, wenn ich nicht folgsam war und vor dem ich mich wie vor dem eigenen Vater fürchtete.
Völlig unfähig war ich freilich erst recht, meine tiefe Traurigkeit über ein von einem übermächtigen Willen unterdrücktes Leben in den Worten des Psalmisten wiederzuerkennen, wenn ich weiter antwortete:

„Gott du bist meine Stärke. Warum denn willst du mich verstoßen?
Was muß ich traurig gehen, weil mich der Feind bedrängt?“

Ist es da ein Wunder, wenn auch die „Wende“ im Gebet im fünften Vers nichts als unverstandenes Aufsagen blieb?

„Vertrau auf Gott, ich darf ihn wieder preisen;
er bleibt mein Heiland und mein Gott.“

Jahrelang, jahrzehntelang kann Gebet – so sehe ich es rückblickend – die wahren Gefühle zudecken und den Zustand des Herzens verschleiern.
Das Psalmgebet macht dabei keine Ausnahme. Die eigentliche Krankheit der Seele, die Gottesenttäuschung als Folge der tiefen Enttäuschung darüber, nicht als der geliebt zu werden, der ich bin, bleibt solange verborgen, bis ich es wage, die Traurigkeit zuzulassen und dem „Feind“ ins Gesicht zu sehen, der mich bedrängt. Damit dies geschehen kann, muß zuerst die idealisierte Weltordnung und das Ideal-Ich zerbrechen, das die Erziehung aufgebaut hat. Der Weg ist lang, erscheint endlos wie die 150 Psalmen. Erst an ihrem Ende erscheint das jubelnde Hallel.

1. Krankmachende Psalmen

1.1 Der furcht-bare Gott

„Herr, du hast mich erforscht und du kennst mich. Ob ich sitze oder stehe, du weißt von mir. Von fern erkennst du meine Gedanken. Ob ich gehe oder ruhe, es ist dir bekannt ...“
(Ps 139,1–3 a)

Seit Friedrich Nietzsches Protest gegen den Gott, der mich als „big brother“ dauernd beobachtet und auch in meiner schmutzigen Wäsche schnüffelt, ist der bekannte 139. Psalm vielen depressiven Menschen zum Fallstrick geworden. Ständig verfolgt von Schuldgefühlen wecken Verse wie die folgenden Straf- und Höllenphantasien:

„Wohin könnte ich fliehen vor deinem Geist,
wohin mich vor deinem Angesicht flüchten?
Steige ich hinauf in den Himmel, so bist du dort;
bette ich mich in der Unterwelt, bist du zu gegen.
Nehme ich die Flügel des Morgenrots
und lasse mich nieder am äußersten Meer,
auch dort wird deine Hand mich ergreifen
und deine Rechte mich fassen.“ 139,7–10)

Die Angst, mit seiner Schuld vor Gott nicht zu bestehen, nährt und verstärkt der 76. Psalm:

„Du bist furchtbar und herrlich ...
wenn du drohst, Gott Jakobs, erstarren Rosse und Wagen.
Furchtbar bist du. Wer kann bestehen vor dir, vor der Gewalt deines Zornes?
Vom Himmel her machst du das Urteil bekannt;

Furcht packt die Erde, und sie verstummt,
wenn Gott sich erhebt zum Gericht,
um allen Gebeugten auf der Erde zu helfen.
Denn auch der Mensch voll Trotz muß dich preisen
und der Rest der Völker dich feiern." (Ps 76,5–11)

Wenn der Richter auf dem Thron sitzt, dann zählt sich der Betende nicht zu den Gebeugten, denen Gott hilft, sondern er hört: furchtbar, drohen, erstarren, Gewalt, Zorn, Urteil, verstummen, Gericht!
Und plötzlich fühlt er in sich Trotz aufsteigen und eine tief verdrängte Wut beginnt zu rumoren. Aber der Psalm, das Gebet der Juden und Christen, das von Gott inspirierte Wort, zwingt ihn auf die Knie. Aufzumucken nutzt nichts, auch der Trotzige muß preisen, ob er will oder nicht.

1.2 Selbstgerechtigkeit und Selbstmitleid

Genug der Beispiele dafür, wie Psalmen (Gebete) das Gefühl verstärken können, einer übermächtigen Instanz ausgeliefert zu sein. Es gibt kein Entrinnen. Aber fast noch gefährlicher ist die *zudeckende* Funktion vieler Psalmen, weil sie die Selbstgerechtigkeit der „Frommen" bestätigt und so jeden Fortschritt in der Selbsterkenntnis verhindert.

„*Ich haben den Herrn beständig vor Augen*
Er steht mir zur Rechten, ich wanke nicht ..." (Ps 16,8)

Prüfst du mein Herz,
suchst mich heim in der Nacht und erprobst mich, dann findest du an mir kein Unrecht.
Mein Mund verging sich nicht,
trotz allem, was die Menschen auch treiben;
ich halte mich an das Wort deiner Lippen.
Auf dem Weg deiner Gebote gehen meine Schritte, meine Füße wanken nicht auf deinen Pfaden." (Ps 17,3–5)

Stets nährt sich diese Selbstgerechtigkeit freilich vom auffälligen Gegensatz zu den anderen, den Bösen und Frevlern, die sich nicht an die Gebote halten.

„Wenn auch die Frevler gedeihen
und alle, die Unrecht tun, wachsen,
so nur, damit du sie für immer vernichtest." (Ps 93,8)

„Nach deinen Vorschriften zu leben
freut mich mehr als großer Besitz.
Ich habe meine Freude an deinen Gesetzen,
dein Wort will ich nicht vergessen ...
Du drohst den Stolzen,
Verflucht sei, wer abirrt von deinen Geboten!" (Ps 119, 14, 16, 21)

Gerade der Depressive ist geradezu darauf versessen, daß er seine Unschuld bestätigt bekommt. Denn davor, schuldig zu werden durch Handeln, weicht er ja durch seine „Krankheit" aus. Der Psalm 26 ist ihm aus dem Herzen gesprochen:

„Verschaff mir Recht, o Herr, denn ich habe ohne Schuld gelebt.
Dem Herrn habe ich vertraut, ohne zu wanken.
Erprobe mich, Herr und durchforsche mich,
prüfe mich auf Herz und Nieren! ...
Ich saß nicht bei falschen Menschen,
mit Heuchlern hatte ich keinen Umgang.
Verhaßt ist mir die Schar derer, die Unrecht tun;
ich sitze nicht bei den Frevlern.
Ich wasche meine Hände in Unschuld; ...
Raff mich nicht hinweg mit den Sündern,
nimm mir nicht das Leben
zusammen mit dem der Mörder!
An ihrer Hand klebt Schandtat,
ihre Rechte ist voll Bestechung.
Ich aber gehe meinen Weg ohne Schuld." (Ps 26,1–11)

Eine andere Komponente, die sich einschleicht und verhindert, daß der krankhafte Zustand aufgedeckt wird, ist das Selbstmitleid, das sich leicht mit der Selbstgerechtigkeit paart:

„Hilf doch, o Herr, die Frommen schwinden dahin, unter den Menschen gibt es keine Treue mehr …
Der Herr vertilge alle falschen Zungen,
jede Zunge, die vermessen redet …" (Ps 12,2.4)

„Rette mich, Herr mit deiner Hand vor diesen Leuten,
vor denen, die im Leben schon alles haben." (Ps 17,14)

„Sie vergelten mir Gutes mit Bösem;
ich bin verlassen und einsam.
Ich aber zog ein Bußkleid an, als sie erkrankten, und quälte mich ab mit Fasten …
Als wäre es ein Freund oder ein Bruder,
so ging ich betrübt umher,
wie man Leid trägt um die Mutter,
trauernd und tief gebeugt.
Doch als ich stürzte, lachten sie und taten sich zusammen …"
(Ps 35,12–15)

„Du armer Kerl", entrutscht einem beim Lesen dieser Verse, und wer erkennt nicht das angestrengte Bemühen, es mit besonderen Leistungen den anderen recht zu machen, um dann doch Zurückweisung zu empfinden?
Aber auch die Gattung des Psalms, die dieser Gebetssammlung den Namen gab, die Lob- und Danklieder auf Jahwe – Gott, kann sehr leicht ein Zudecken der tieferen Gefühle bewirken, weil sich der Lobsingende gerne in ein Hochgefühl hineinsteigert, das von der Gemeinschaft erweckt und mitgetragen wird. Tilmann *Moser* hat in seiner „Gottesvergiftung" die Macht der Lieder und die krankmachenden Bedingungen beschrieben. Aber jeder, der ehrlich darüber nachdenkt, kennt die narkotisierende Wirkung gefühlvoller Texte und Lieder, in denen von Hingabe und Vertrauen, von Schutz und Geborgenheit, von Ruhe und innerem Frieden gesprochen wird. Es erübrigt sich, dafür Beispiele aus dem Psalmenbuch anzuführen; denn dem Leser werden spontan genug dazu einfallen.
Da „Lobpreis" in der Regel eine Gemeinschaftsangelegenheit ist, besteht hier am ehesten die Gefahr, dem schweren Weg durch die enge Pforte aus dem Wege zu gehen und sich statt des-

sen tragen zu lassen (vgl. Mt 7,13–14). Wo der Lobpreis aber nicht Ausdruck eigener Erfahrung ist, fällt der Jubelnde sehr schnell wieder in ein tiefes Loch zurück und das Hochgefühl weicht einem Absturz in die Leere. Das Ergebnis dieses Wechselbades ist aber keine Erkenntnis, sondern das unbestimmte Gefühl: „Ich weiß nicht, was soll es bedeuten ..." und oft Schuldgefühle, weil ich es nicht schaffe (!), Gott andauernd zu preisen und ihm ohne Unterlaß zu danken. Was bin ich für ein Christ?

Zeigt sich nicht wieder meine Unfähigkeit, daß ich zu gar nichts (!) tauge?

2. Der therapeutische Prozeß in den Psalmen nach Erich Fromm

In seiner Auseinandersetzung mit dem Gottes- und Menschenbild des Alten Testaments kommt Erich *Fromm* auch auf die Psalmen zu sprechen. Er erkennt in denen, die er als „dynamische Psalmen" charakterisiert, die wesentlichen Phasen des psychotherapeutischen Prozesses. Es erscheint mir fruchtbar, seine Beobachtungen nachzuvollziehen, um so ein erstes deutlicheres Gespür für diesen Prozeß zu bekommen.

2.1 Der Umschwung: von der Verzweiflung zum Vertrauen

Als wesentliches Merkmal des dynamischen Psalms stellt Fromm einen Stimmungswandel des Dichters fest:
„Er beginnt in einer traurigen, niedergedrückten, verzweifelten oder angstvollen Stimmung; tatsächlich handelt es sich meistens um eine Mischung dieser verschiedenen Stimmungen. Am Ende des Psalms aber hat sich die Stimmung gewandelt; jetzt herrschen Hoffnung, Glaube und Vertrauen ... Was sich ereignet hat, ist, daß im Psalmisten eine Veränderung vor sich gegangen ist, während er den Psalm verfaßte. Er hat sich gewandelt; oder genauer gesagt, er ist von einem verzweifelten, angsterfüllten Menschen in einen Menschen voller Hoffnung und Glaube umgewandelt worden."
(Ihr werdet sein wie Gott, S. 167).
Wenn sich dies ereignen kann, die Wandlung vom verzweifelten zu einem hoffnungsvoll glaubenden Menschen, lohnt es sich dann nicht, es den Psalmisten gleichzutun?
Aber wie geschieht das, was macht der Beter dabei durch?
Fromm schildert den Prozeß folgendermaßen:
„Der Ausgangspunkt ist Verzweiflung; sie wird zu einer leichten

Hoffnung, worauf der Verfasser in eine noch tiefere Verzweiflung verfällt, auf die er mit einer stärkeren Hoffnung reagiert; schließlich stürzt er in die tiefste Verzweiflung, und erst jetzt gelingt es ihm, die Verzweiflung ganz zu überwinden. Seine Stimmung hat sich jetzt endgültig gewandelt, und in den nun folgenden Versen des Psalms ist von der Verzweiflung nur noch eine dahinschwindende Erinnerung geblieben" (a. a. O., S. 167–168).

Der Psalm ist für Fromm somit „Ausdruck eines Kampfes, einer Bewegung, eines aktiven Prozesses, der sich im Menschen abspielt" (168). Entscheidend ist dabei, daß ein Mensch sich nur dann von seiner Verzweiflung befreien kann, „wenn er zuvor die ganze Tiefe der Verzweiflung durchlebt hat. Solange man den tiefsten Abgrund der Verzweiflung nicht erfahren hat, kann man sie nicht wirklich überwinden. Man kann sie vorübergehend überwinden, doch nur, um nach einiger Zeit wieder um so tiefer hineinzustürzen. Man kann die Verzweiflung nicht durch aufmunternden Zuspruch heilen und auch nicht dadurch, daß man sich ganz mit ihr identifiziert. Es gilt das scheinbare Paradoxon, daß die Verzweiflung erst dann überwunden werden kann, wenn man sie in ihrer ganzen Tiefe erlebt hat" (ebd.).

Erich Fromm verweist an dieser Stelle seines Buches ausdrücklich auf das Prinzip der psychoanalytischen Methode, nach der man sich auch nur dadurch befreien kann, „daß man das schmerzhafte Unbewußte bewußt macht (...), was bedeutet, der Dinge gewahr zu werden, die man bisher nicht wahrnahm ..." (a. a. O. Anm. 119, S. 209).

Freilich muß Fromm, für den Gott als ein „Gegenüber" zum Menschen nicht existiert, das „Wunder" des Sprungs aus Verzweiflung in Gewißheit ganz ins Innere des Menschen verlegen, so daß für ihn das Rufen und Schreien des Psalmisten zwar einen psychotherapeutischen Effekt haben, aber keinen realen Adressaten. Es wird deutlich, daß er damit den therapeutischen Prozeß um einen wichtigen Faktor verkürzt, nämlich um die therapeutische Beziehung. Aber da Gott für Fromm eine Chiffre für eine im Menschen „wesende" Kraft ist, die ihn menschlicher macht, spielt sich alles gleichsam im Innenraum ab und wird der Umschwung oder die „Umkehr", wie Fromm auch sagt, allein durch das Rezitieren des Psalms durch den Beter bewirkt. Frei-

lich bleibt auch für Fromm der Umschlag in die Hoffnung „ein plötzliches, einer Offenbarung vergleichbares Erlebnis“ (169). Es geht hier nicht um eine Auseinandersetzung mit Erich Fromm, sondern darum, von einem so kompetenten Autor etwas über die Psalmen als therapeutischen Prozeß zu erfahren.
Fromm legt, wie wir sehen, alles Gewicht auf den plötzlichen Umschwung der Stimmung von der Verzweiflung zur Hoffnung, von der Angst zum Vertrauen. Er geht auf die Feinde, die meistens das auslösende Moment von Angst und Verzweiflung sind, nicht näher ein. Für ihn sind die Psalmen frühe Zeugnisse des Humanismus als einer Geisteshaltung, die des Menschen unzerstörbare Größe und Würde betont.

2.2 Psalm 22 im Munde Jesu

Besonders bemerkenswert ist, daß Fromm im Anhang seines Buches ausdrücklich auf den Psalm 22 in der Leidensgeschichte Jesu zu sprechen kommt. Diesen Psalm hatte er zuvor als das „schönste Beispiel eines dynamischen Psalms“ ausführlich besprochen (a. a. O. S. 173–178), wobei es ihm auch hier darauf ankommt, daß die Form des Gebetes umschlägt zugunsten einer Gewißheit. Im Anhang nimmt Fromm nun Stellung zu der umstrittenen Frage, ob Jesus am Kreuz mit dem Beginn des 22. Psalms („Mein Gott, mein Gott, warum hast du mich verlassen ...?“) seine Verlassenheit hinausschreit, oder ob das Zitat bedeutet, daß Jesus den ganzen Psalm gebetet hat, der ja in Gottvertrauen endet. Fromm meint nun, daß die Evangelisten Markus und Matthäus Jesus deshalb den 22. Psalm sprechen lassen, weil sie „sich der besonderen Art der religiösen Erfahrung, wie sie in den dynamischen Psalmen zum Ausdruck kommt, bewußt waren und sie teilten“ (a. a. O., S. 189).
Waren sie sich vielleicht noch mehr bewußt, daß erst in Jesus die Botschaft der Psalmen „erfüllt“ wird?
Läßt sich am Ende über die Psalmen als therapeutischen Prozeß nicht nachdenken, ohne daß der Überschritt zu Jesus gemacht wird, dessen Leiden und Sterben das Neue Testament mit Hilfe der Psalmen deutet?

3. Die Welt des Psalmisten

Wie kommt es eigentlich, daß sich für den Psychoanalytiker bei der Lektüre der Psalmen der Vergleich mit der therapeutischen Methode aufdrängt? Sind die Psalmisten denn kranke Menschen?

Tatsächlich gibt es einige Psalmen, in denen die Beter von Krankheit heimgesucht sind und aus dieser Notlage heraus zu Jahwe rufen. Aber für den Großteil der Texte läßt sich das so sicher nicht sagen. Hier hat man eher den Eindruck, als fühlten sie sich in der Welt, in der sie leben, von ihrer nächsten Umgebung her bedrängt, bedroht und ständig angefeindet. Natürlich gibt es auch viele Psalmen, wo davon nichts zu spüren ist, die ganz Lob und Dank Jahwes sind. Dennoch erscheinen gerade auch diese Loblieder aus dem Boden der Bitte und Klage herauszuwachsen wie herrliche Blumen aus dem Sumpfboden. Wie sollen wir uns in den Psalmen wiederfinden?

Die Frage muß schon so gestellt werden, obwohl uns einige Texte sicher auf Anhieb ansprechen und wir in jedem Buch über Psalmen lesen, daß die Welt des Psalmisten die Welt *des* Menschen schlechthin ist. Dann dürfte es demnach nicht schwer sein, sich mit den Betern zu identifizieren.

Aber stimmt das so?

3.1 Verständnisbarrieren

Im Blick auf uns heutige Menschen sehe ich eine doppelte Schwierigkeit, sich mit den Psalmisten zu identifizieren und in die Psalmen als therapeutischen Prozeß „einzusteigen“: Einmal fällt die selbstverständliche Voraussetzung des Jahwe-glaubens weg, von dem diese Texte getragen sind. Dort ist es eben nicht eine X-Erfahrung, die unerwartet im Menschen aufbricht und Verzweiflung in Hoffnung wandelt, sondern es ist Jahwe, der den Hilferuf hört und rettend eingreift. *So* hat Israel nicht nur in den Psalmen, sondern in allen Errettungsgeschichten „Heil"-Erfahrung dargestellt:

„In meiner Not rief ich zum Herrn
und schrie zu meinem Gott.
Aus seinem Heiligtum hörte er mein Rufen,
mein Hilfeschrei drang an sein Ohr …
Er griff aus der Höhe herab und faßte mich,
zog mich heraus aus gewaltigen Wassern …"
(Ps 18,7.17)

Diese Überzeugung, daß Gott nicht nur „existiert", sondern sich um den Menschen kümmert und mit und an ihm handelt, ist heute weithin geschwunden, während die Glaubenskrise des „Frommen" in den Psalmen noch ausgelöst wird durch die Erwartung, daß Gott doch eigentlich eingreifen müßte. Gerade im Festhalten an diesem Glauben angesichts der realen Erfahrung kommt es zur Zerreißspannung wie bei Hiob.
Demgegenüber kann für denjenigen, der mit Gott als unser Leben bestimmende Wirklichkeit nicht (mehr) rechnet, die Anrufung Jahwe-Gottes in den Psalmen nicht mehr als eine Projektion sein.
Wir werden darauf zurückkommen müssen.
Schauen wir zunächst noch eine zweite Schwierigkeit an, die sich vor allem für Menschen stellt, die sich als gläubige Christen bekennen. Ihnen werden die Psalmisten eher dadurch fremd, daß sie bei ihnen mangelnde Nächstenliebe, besonders Feindesliebe entdecken. Hat nicht Jesus geboten, gerade die Feinde zu lieben und nicht zu hassen, wie es in manchen Psalmen so drastisch geschieht?

„Der Tod soll sie überfallen,
lebend sollen sie hinabfahren ins Totenreich.
Denn ihre Häuser und Herzen sind voller Bosheit. (Ps 55,16)
Blende ihre Augen, so daß sie nicht mehr sehen;

lähme ihre Hüften für immer!
Gieß über sie deinen Grimm aus,
dein glühender Zorn soll sie treffen!"
(Ps 69,24–25)

Gerade den Christen, die die Psalmen etwa im Stundenbuch als Gebet der Kirche regelmäßig zu sprechen pflegen, geraten solche Texte immer wieder zum Anstoß, ja zum Ärgernis. Und doch ist ein beträchtlicher Teil des Psalterismus von der Feindthematik beherrscht.

3.2 Eingebunden in die Umwelt

So notwendig deshalb die Identifizierung des heutigen Beters mit dem Psalmisten ist, so wenig selbstverständlich ist sie. Von daher lohnt die Mühe, sich die Welt des Psalmisten genauer zu vergegenwärtigen, um den therapeutischen Prozeß des Gebetes angemessen beschreiben zu können.
Ein Erstes und Grundlegendes, das wir uns vor Augen halten müssen, ist die Tatsache, daß der altorientalische Mensch noch völlig in die Sippe eingebunden ist. Das bedeutet, daß eine so intensive gegenseitige Beeinflussung von Einzelnen und Gemeinschaft besteht, daß innerseelische Vorgänge und von außen kommende Einflüsse nicht scharf getrennt werden. Der altorientalische Mensch besitzt deshalb nur eine sehr geringe Selbständigkeit.
Othmar Keel, der sich besonders intensiv mit der Welt der Psalmen beschäftigt hat, schreibt dazu:
„Diese (sc. fehlende Selbständigkeit) kommt dadurch zustande, daß das einzelne Ich unbewußt aus einer Art von Ohnmacht einerseits sein eigenes Empfinden und Sehnen, sein Denken und Wollen, kurzum seine ganze Lebensmacht dauernd und in viel stärkerem Maße, als das bei uns gewöhnlich der Fall ist, auf seine Umwelt, die Sippe, die Dorfgemeinschaft oder den Stamm zu übertragen sucht...
Andererseits öffnet sich dieses Ich allen Impulsen, die von seiner Umwelt ausgehen und macht sich diese äußerst bereitwillig zu

eigen, wobei die Äußerungen der Umwelt allerdings ganz und gar von der Vorstellungswelt des Empfängers interpretiert werden. Durch die Projektion der eigenen Mächtigkeit auf die Umwelt und durch die intensive Partizipation an allen Bewegungen derselben, ist das Ich auf fast unlösbare Weise an sie geknüpft. Man kann ein solches Ich projektiv-partizipativ nennen. Da es sich vor allem bei Primitiven (und Kindern) findet, können wir es auch als archaisches Ich bezeichnen" (Keel, Feinde, S. 52).
Mit diesen Beobachtungen liefert Keel tatsächlich den Schlüssel, um die Psalmen dem Verständnis zu öffnen, die von der Bedrängnis durch die Feinde sprechen und in denen Vertrauens- und Angstäußerungen in uns oft irritierender Weise extrem hervorbrechen:

„*Viele Tausende von Kriegern fürchte ich nicht,*
wenn sie mich ringsum belagern!" (Ps 3,7)
„*Mit dir erstürme ich Wälle,*
mit meinem Gott überspringe ich Mauern!" (Ps 18.30)
„*Hilf mir o Gott!*
Schon reicht mir das Wasser bis an die Kehle.
Ich bin in tiefem Schlamm versunken
und hab keinen Halt mehr; ..." (Ps 69,2–3)

Die Welt, in die uns die Psalmen führen, spiegelt für uns Erwachsene eine Entwicklungsphase, die ins Unbewußte versunken ist, die wir aber einmal mit allen Seelenkräften durchlebt und durchlitten haben. Die Spuren dieses Dramas sind nicht ausgelöscht. Sie beschäftigen uns bis zum Tode und sind nicht selten der Boden, aus dem Neurosen wachsen. Es ist die Welt, in der das kleine Kind in einen ersten intensiven Kontakt mit anderen Menschen tritt, also Beziehungen erprobt, obwohl es noch engstens mit der Mutter verbunden ist. Die enge Verbundenheit mit der Mutter gibt Sicherheit und Geborgenheit, ihr Verlust, der aus den ersten Schritten auf andere zu notwendig entsteht, löst „irrationale" Angst aus.
So erklärt es sich, daß der Psalmist geradezu übermütig wird, wenn er sich mit Gott eins weiß (vgl. Psalm 3 und 18), hilflos ohnmächtig, wo er ihn nicht nahe weiß (vgl. Ps 69). So wie der Psalmist schreit, bis ihm die Stimme versagt, so haben wir es viel-

leicht schon bei einem Kind erlebt, das sich von den Eltern verlassen glaubt und vor Angst halb tot war:

„Mein Gott, mein Gott, warum hast du mich verlassen,
bist du fern meinem Schreien, den Worten meiner Klage?"
(Ps 22,2)

„Höre mein lautes Flehen, wenn ich zu dir schreie ... "
(Ps 28,2)

Von der Umwelt getrennt zu sein, bedeutet für das kleine Kind Schutzlosigkeit, die panische Angst auslöst.

3.3 Wurzelgrund der Depression

Die Psychotherapeutin Johanna Herzog-Dürck hat diese Situation, in der das Kind zwar noch symbiotisch an die Mutter gebunden ist, aber schon „mit bereits kräftigeren Wurzeln an der Menschenwelt partizipiert" als das „Humanfeld der Weltangst" beschrieben, aus dem die *depressive Neurose* entsteht. Das Kind versteht schon viel, was um es herum vorgeht, nimmt Not, Leid und Entzweiung der Menschen zumindest über die Mutter bzw. Eltern wahr "auf einer Stufe, auf der es sich ja noch in der vollen Angewiesenheit auf seine Umwelt befindet" (Grundströmungen der Lebensangst, S. 102).
Die weiterbestehende Symbiose mit der (verinnerlichten) Mutter kennzeichnet das Verhalten des Depressiven ebenso wie seine massiven Schuld- und Angstgefühle, wenn er selbständige Schritte wagt. In der Welt zu sein und leben, das heißt handeln zu müssen, bedeutet schuldig zu werden. Mensch zu sein ist so schwer, eine riesige Last angesichts so vieler Ungereimtheiten von Gut und Böse. Einerseits flüchtet der Depressive gerne in ein Absolutes, zu Gott, um den Widersprüchlichkeiten des Daseins enthoben zu sein und alles von einem höchsten Standpunkt endlich sicher beurteilen zu können. Andererseits verharrt er aber im „Hadern und Grollen gegen die Welt, gegen sich selbst und gegen eine Gottheit, die aus ihrer Verborgenheit nicht hervortreten will und uns also in der Angst läßt" (J. Herzog-Dürck, a.a.O., S. 103).

Wir brauchen an dieser Stelle nicht näher auf das Krankheitsbild der Depression einzugehen, weil sich dazu später bei der Beschreibung des therapeutischen Prozesses genug Gelegenheit ergibt.

Nur so viel kann im Blick auf die Umwelt des Psalmisten, bzw. das „Humanfeld der Weltangst" schon hier ergänzt werden: Neben unbewältigtem Leid in den Beziehungen der Menschen sind es vor allem „erloschene Ideale im ganzen Kollektiv" (Herzog-Dürck, a. a. O., S. 104), oder noch genauer: der Widerspruch zwischen kollektiven Normen und persönlicher Erfahrung, der in die depressive Krise treibt. Zeigt sich uns so die Welt des Psalmisten als die des kleinen Kindes, das mühsam erste Schritte aus der Symbiose mit der Mutter versucht, dann heißt das, daß wir wieder Kinder werden müssen, die jene Gefühle er-leben dürfen und nicht als unerlaubt und „böse" unterdrücken müssen, welche die Psalmisten ausdrücken. Wir werden weiter unten besprechen, wie jene notwendige Regression (= Zurückgehen in diese Lebensphase) geschehen kann; denn es leuchtet ein, daß wir uns dagegen zunächst heftig wehren.

3.4 Projektionen

Die Psalmisten zeigen uns jedoch noch ein weiteres wichtiges Moment jenes totalen Verhaftetsein an das Kollektiv, nämlich den psychologischen „Mechanismus" der *Projektion.* Sie ist der sprechendste Ausdruck der symbiotischen unbewußten Gebundenheit. Ihr wichtigstes Kennzeichen ist, daß wir unbewußte Regungen und Gefühle auf andere „werfen" (wie ein Projektor Bilder auf eine Leinwand wirft).

Daß es sich dabei vor allem (allerdings nicht nur!) um negative Regungen handelt, um Schattenteile unserer Persönlichkeit, liegt nahe und ist ja auch allgemein bekannt. Der Schatten ist all das, womit wir uns in uns nicht anfreunden können, was somit „feindlich" bleibt. In den Psalmen geschieht diese Projektion ganz unreflektiert; aber auch uns ist sie meist verborgen. Daß uns die Psalmisten helfen, unsere Projektionen zu erkennen, ist ein wichtiger Schritt des therapeutischen Prozeßes. Dazu kommt, daß sie uns in der Art, wie sie diese Projektionen versprachlichen, ein bemerkenswertes methodisches Element liefern, wie wir damit umgehen können. Denn es wird sich zeigen, daß die Bewußtmachung der Projektionen als solche noch nicht genügt, um den Heilungsprozeß voranzutreiben. Die *intellektuelle* Einsicht in die Gebundenheiten, zum Beispiel an die Familie, haben viele Depressive und sie wissen auch, daß sie die innere Mutter auf die Ehefrau oder den inneren Vater auf den Chef projizieren. Aber das allein ändert nichts daran, daß sie sich immer wieder klein und als Versager vorkommen. So richtig es sein wird, später die Projektionen zurückzunehmen und den Schatten als eigene Anteile wahr-zunehmen, so wichtig ist es, den „Kunstgriff" der Projektion zunächst anzuwenden, um die notwendige Auseinandersetzung mit den inneren Feinden zu leisten.

Konnten wir bisher aus der Art und Weise, wie sich die Psalmisten äußern, wichtige Einsichten in die Parallelität von „archaischem Ich" mit dem „depressiven Formenkreis" (Herzog-Dürck) gewinnen, so geben uns die Psalmen darüber hinaus noch einen wichtigen Hinweis darauf, wie sich der Beter in dieser Welt sieht und aus welcher Situation heraus er seine Lage vor Jahwe-Gott bringt. Diesem Hinweis wollen wir noch kurz nachgehen, bevor wir in den therapeutischen Prozeß einsteigen.

4. Psalmen Davids

Ein Großteil der Psalmen wird David zugeschrieben. Die historisch-kritische Exegese kann damit nicht allzuviel anfangen. Sie speist uns mit der Auskunft ab, daß es üblich war, Weisheitslieder dem berühmten Sängerkönig (David mit der Leier!) zuzuschreiben, um ihnen mehr Gewicht zu verleihen. Tatsächlich seien die meisten Psalmen wohl erst nach dem Exil verfaßt worden.

Dies mag historisch richtig sein oder nicht. Tiefenpsychologisch ist eine solche Autorenangabe von besonderer Bedeutung. Sie gibt nämlich die Richtung an, in der die Interpretation eines Textes erfolgen muß. Das erkennt übrigens auch die strukturalistisch verfahrende Exegese an, wenn sie etwa wie Terence Collins darauf hinweist, daß David als „archetyp of the servant of Lord" verstanden werden müßte (Recording the Psalms). Zweifellos ist David eine archetypische Gestalt im Sinne der Auffassung von C. G. Jung. Danach ist er das „Heldenkind", der unscheinbare Kleine, der gegen den Riesen ankämpft und so zum Königtum der freien Selbstverfügung wird (vgl. E. Erikson, Der junge Mann Luther, S. 188). David ist der Mensch, der aus eigener Kraft den Kampf gegen die Feinde nicht gewinnen kann, der aber darauf vertraut, daß Jahwe ihn erretten wird (1 Sam 17,37). In jener berühmten Erzählung vom Kampf des nur mit einer Steinschleuder „bewaffneten" David mit dem Philister Goliath, vor dem alle erzittern, geht es um die „Situation des Menschen angesichts der schreckenerregenden Götter" (Preuss, Verspottung, S. 77 f). Deshalb liegt die Pointe der Erzählung auch in der Kampfansage Davids:

„Ich komme zu dir im Namen Jahwes Zebaoths ... Heute wird dich Jahwe in meine Hand geben. Ich werde dich erschlagen und dir den

Kopf abhauen ..., damit alle Welt einsieht, daß es nur einen Gott gibt in Israel. Und diese ganze Schar soll wissen, daß Jahwe nicht Schwert und Lanze braucht, um Rettung zu schaffen. Denn Jahwe ist der Herr des Kampfes und wird euch in unsere Hand geben" (1 Sam 17,45–47).

In dieser Szene hat Israel nicht nur bildhaft exemplarisch das Thema „Kampf gegen die Feinde" gestaltet, sondern auch der Überzeugung Ausdruck verliehen, daß die Feinde, denen sich der Mensch unterworfen fühlt, *gottgleiche Macht* beanspruchen und somit zum Konkurrenten Jahwes werden. Die Hartnäckigkeit, mit der viele Klienten im Herrschaftsbereich der inneren Götter verharren, läßt sich letztlich nur darauf zurückführen, daß diese Instanzen zugleich knechten *und* faszinieren, weil „numinoses Streulicht" (Hans Böhringer) auf sie gefallen ist.

David ist das Kind, dem niemand zutraut, daß es etwas Bedeutendes vollbringt, so wie wir es vom „Dümmling" mancher Märchen kennen. Aber Gott, so sagen die Erzählungen von Davids Erzählung, schaut nicht auf das Äußere, sondern auf das Herz (1 Sam 16,7). Die Psalmen als „Psalmen Davids" zu erfahren, ist deshalb das Sich-auf-den-Weg-machen zum David in uns, den wir vergessen haben, weil wir aus Angst vor Spott und Ablehnung einen Großinquisitor auf den Thron setzten, der uns mit Größenphantasien Überlegenheit und Sicherheit vortäuscht.

Es wird also viel darauf ankommen, daß David in uns wieder Gestalt gewinnen darf und vor der Großtuerei des Goliath nicht endgültig eingeschüchtert bleibt. Die Psalmen wollen dazu helfen, indem sie die ganze Hilflosigkeit und Kleinheit des Menschen *vor Jahwe* zur Sprache bringen und uns nicht länger dazu zwingen, die Ängste, die Verletzungen, die Zweifel und die drohende Verzweiflung zu verstecken: vor uns selbst, vor den anderen und vor Gott.

5. Der Raum der Therapie

„Ich ließ meine Seele ruhig werden und still;
wie ein kleines Kind bei der Mutter ist meine Seele still in mir.
Israel, harre auf den Herrn ...“ (Ps 131,2–3)
„Bei Gott allein kommt meine Seele zur Ruhe,
von ihm kommt mir Hilfe.“ (Ps 62,2.6)

5.1 „Vor Jahwe“

Das Psalmengebet ist kein Selbstgespräch, sondern es findet „vor Jahwe“ statt. Es wäre nicht möglich, wäre es nicht von einer Hoffnung – und sei sie noch so unscheinbar – angestoßen, daß sich durch die Hin-wendung zu Gott etwas ändern könnte.
Nicht nur alle großen geistlichen Lehrer, sondern auch die Psalmisten sehen als ersten wichtigen Schritt das Still-werden an, das bewußte Weggehen aus dem, womit ich gewöhnlich umgehe und mich beschäftige. Aber es ist nicht ein Weggehen irgendwohin, sondern ein bewußtes Stellen vor Gott, das unbegreifliche Du. Daß der therapeutische Prozeß in den Psalmen „im Angesicht Jahwes“ stattfindet, ist deshalb eine entscheidende Voraussetzung, deren Streichung alles verändert. Es geht nicht, wie O. Keel richtig bemerkt, um ein „absichtloses Sich-Ergießen eines übervollen Herzens“ (Feinde, S. 87), wenn der Psalmist vor ihm sein Herz ausschüttet. Darin drückt sich vielmehr ein vorgängiges Vertrauen auf Jahwe-Gott aus, daß er die Macht hat, zu helfen. Dennoch beginnen hier und gerade hier erst die Schwierigkeiten, sich auf die Psalmen einzulassen.
Genau dieses Problem, daß ich ja schon eine anfängliche Hoffnung auf Gott setze, wenn ich IHN an-rufe, überspringt Erich

Fromm, wenn er lediglich die Stimmung von Angst und Verzweiflung der Hoffnung gegenüberstellt, die sich in einem unerwarteten Umschwung als Wunder einstellt.
Ist, so dürfen und müssen wir fragen, nicht das Schlimmste bereits überwunden, wenn ich vor Jahwe mein Herz ausschütten kann? Stellen wir nicht fest, daß wir nicht beten können, wenn wir ganz unten sind? Tatsächlich treffen wir hier auf eine Schwierigkeit, die oft allzuschnell beiseitegeschoben oder übergangen wird, wenn das Psalmengebet empfohlen wird: Der „Bundesgott", der sich seinem Volk Israel (das oft die Rolle des Psalmisten innehat) gnädig zuneigt, (der nur zuweilen sich verbirgt, so daß er wieder gerufen werden muß), gehört nicht zu den selbstverständlichen Voraussetzungen der Menschen, die einen Weg aus ihrer Depression suchen.
Was kann aber dann „vor Jahwe" für den heutigen Menschen heißen, der Gott weder als Hirte (Ps 23,1), als Licht (Ps 27,1) als Kraft (Ps 27,2) als Stärke, Fels, Burg und Retter (Ps 18,2–4 und viele andere), nicht als Zuflucht (Ps 31,5) und Helfer (Ps 54,6) erfährt?
Erinnern wir uns an das, was wir über die Welt des Psalmisten festgestellt haben, dann wird deutlich, daß „Jahwe" all die Wünsche und Sehnsüchte auf sich zieht, die der „archaische Mensch" von der ihn tragenden Gemeinschaft erwartete: Schutz und Geborgenheit vor allem, die zu den Bildern von „Fels" und „Berg" werden, wenn es gilt, sich vor Feinden zu schützen. Erst wenn die Schutzfunktion von Familie und Sippe, und mit ihr auch die ethisch-moralische Rechtfertigung der „Weltordnung" versagt, gerät ja der Beter in den Konflikt.
Dann kann aber nicht entscheidend sein, welches Bild sich der Beter von Gott macht, sondern einzig allein die leise Hoffnung, daß es auch im Zusammenbruch der bisher tragenden Welt noch eine Möglichkeit zu leben gibt; daß es noch eine andere Begründung meines Daseins geben muß, wenn die engsten Vertrauten zum Fallstrick werden (Ps 55,14–15), ja wenn Vater und Mutter einen verlassen (Ps 27,10).
Ohne diese Hoffnung wider alle Hoffnung, daß es aus der inneren Gefangenschaft und Sinnleere einen Ausweg gibt, daß irgendwo ein Ansatzpunkt zu einer Änderung möglich ist, gäbe es

keine Therapie, ja nicht ein einziges Gespräch eines depressiven Menschen mit einem anderen über seinen Zustand. Dann bliebe nur das stumpfe Verharren im Käfig. Denn selbst der plötzliche oder langsam gereifte Entschluß, diesem „Leben“ ein Ende zu setzen, ist von der Hoffnung getragen, durch diesen Schritt dem ver-nichtenden Gefühl der Sinnlosigkeit zu entrinnen.

„Gott“ ist in dieser Perspektive zunächst nichts anderes als eine Chiffre für einen Ansatzpunkt außerhalb des Teufelkreises von Versagen, Schuld und Lebensüberdruß, wo immer dieser archimedische Punkt zuerst gesucht oder erahnt wird. Er kann ebensogut in einer verborgenen Tiefe der eigenen Seele vermutet werden (wobei dann eben diese eigene Tiefe doch als das „ganz andere“ erscheint) als auch in einem anderen Menschen, von dem ich aus welchen „irrationalen“ Gründen auch immer Hilfe erwarte.

„Vor Jahwe“ heißt dann also, die Enge (= Angst!) der inneren Versklavung in einem ersten, letztlich unerklärlichen Vertrauen aufzubrechen und in einen Raum einzutreten, der es mir erlaubt, *mich zu mir zu verhalten,* statt an mich gefesselt zu sein wie Prometheus an den Felsen.

Mit anderen Worten: Ohne ein anfängliches Moment von Beziehung kann ich Schritte, die ja einen Pro-zeß (pro-cedere = vorwärtsgehen) ausmachen, gar nicht wagen, kommt die Möglichkeit dazu überhaupt nicht in den Blick.

Es ist deshalb nicht nur nicht notwendig, das Stehen des Psalmisten vor Jahwe-Gott im Sinne des jüdisch-christlichen Glaubensbekenntnisses nachzuvollziehen, sondern es verbietet sich oft geradezu. Die Erfahrungen mit „religiösen Neurosen“ haben uns gelehrt, daß der Gott der jüdisch-christlichen Erziehung bei vielen Menschen die beschriebene Funktion des „ganz anderen“ gar nicht ausüben kann, weil er in das depressive System selbst mit eingebaut ist. Nicht selten wird die verinnerlichte Tyrannei in seinem Namen und mit seinen Attributen ausgeübt.

Die Erlaubnis zur Regression in die Phase der sich lösenden Symbiose mit der Mutter, die wir nachher als ersten wichtigen Schritt des therapeutischen Prozesses besprechen wollen, kann von *diesem* Gott nicht ausgehen. In vielen Fällen ist dazu die reale Gegenwart eines Menschen, dem ich vertraue, notwendig, weil die erahnte Kraftquelle noch zu verschüttet ist.

5.2 Raum schaffen

Wie läßt sich nun dieser Raum schaffen, innerhalb dessen sich der therapeutische Prozeß entfalten kann? Es geht dabei um ein Doppeltes: Einmal will ich Fühlung zu mir selbst bekommen, bei mir sein; zugleich muß ich aber doch soviel Abstand von dem mich Bedrängenden gewinnen, daß ich mich dazu verhalten kann. Der Raum, den ich schaffen möchte, kann nur in mir selbst entstehen, so wichtig freilich auch äußere Bedingungen sind. Das weiß jeder, der ein therapeutisches Gespräch geführt hat.

Ich wähle zwei Methoden aus, die sich in therapeutischer Arbeit bewährt haben und die jeder selbst für sich leicht nachvollziehen kann. Die erste Methode kommt aus der Eutonie, einer Körperarbeit, in der es vor allem darum geht, im bewußten Kontaktnehmen sich selbst leib-haftig zu erfahren. Dieses „Erfahren" ist dabei in des Wortes ursprünglicher Bedeutung zu verstehen: Der Übende wendet seine Aufmerksamkeit nacheinander verschiedenen Bereichen seines Körpers zu, meist am Kreuzbein beginnend, um sie im Kontakt zur Kleidung und zum Boden gleichsam als zu ihm gehörend intensiver zu er-leben. Zu diesen Erfahrungen gehört nicht nur der Hautkontakt, sondern auch das Sich-bewußtmachen der *Körperräume,* die in ihrer Ausdehnung wahr-genommen werden können. Insbesondere die rückwärtigen Räume, wie Beckenraum, Lendengebiet, Bein- und Fersenräume, aber auch der Hals – Nacken – Schulterraum, sind oft leblos oder eigentümlich „ verstopft", so daß durch das bewußte Ansprechen dieser Partien mehr Freiraum geschaffen werden kann. Spannungen, die sich hier in der Regel angestaut haben, dürfen dabei über den Kontakt zum Boden abgeleitet werden.

Übung Legen Sie sich mit dem Rücken auf den Boden, eventuell auf eine Wolldecke. Sie tragen bequeme, nicht einschnürende Kleidung. Ihre Arme ruhen neben ihrem Körper,

die Beine sind parallel gelagert, etwa in Sitzhöckerbreite Tennisbälle in den Händen können eine Hilfe sein, bei sich zu bleiben.
Nehmen Sie nun den Kontakt ihrer ganzen Rückseite zur Unterlage und zum Boden wahr, der Sie hält und trägt. Registrieren Sie mögliche Spannungen, ohne ihre Lage zu verändern. Stellen Sie nur fest: So ist das jetzt, so bin ich jetzt da. Dann gehen Sie mit ihrer Aufmerksamkeit zum Kreuzbein und fühlen, wie es Kontakt zum Boden hat. Das Kreuzbein darf sich in den Boden bewußt einfühlen (es ist ja wie eine Schale). Zugleich darf das Kreuzbein, das sich zum Steißbein hin wie ein Dreieck verjüngt, in der Vorstellung Richtung Füße wachsen wie ein drittes Bein. Das entlastet den neuralgischen Becken-Lendenbereich. Vom Kreuzbein aus können nun nacheinander der Beckenraum, die Räume der Oberschenkel, Knie, Unterschenkel, Fersen und Füße (einschließlich der Zehen) erwandert werden. Am besten übt man erst mit einem Bein beginnend, also an der linken oder rechten Beckenseite. Man kann dann durch den Vergleich des geübten mit dem ungeübten Bein deutlicher wahrnehmen, was sich verändert. Danach können vom Kreuzbein aufwärts der Rücken, an Lenden und Brustwirbeln entlang, die Schulter- und Armräume, endlich Hals und Kopf er-fahren werden.

Diese Übung, die nicht viel Zeit beanspruchen muß, kann uns helfen, uns bewußt zu machen, wie wenig wir oft bei uns selbst zu Hause sind, also in einer fragwürdigen Weise außer uns sind. Den Raum des eigenen Leibes als „ersten Wohnsitz“ zu schaffen, kann deshalb eine wesentliche Grundlage der Arbeit an uns sein.
Die zweite Methode kommt aus dem von E. Gendlin entwickelten „Focusing“. Dabei geht es darum, Körpergefühle als Antwort auf uns beschäftigende Probleme zu erfahren. Gendlin versucht mit dieser Methode Carl Rogers’ gesprächstherapeutischen Ansatz aus der Einsicht heraus weiterzuentwickeln, daß wirkliche Veränderungen in der Therapie nicht aus intellektuellen Erkenntnissen, sondern nur aus einer Veränderung des inneren Erlebens heraus erfolgen. Mit diesem Erleben über die dazu

gehörenden Körperempfindungen Kontakt aufzunehmen und die in ihnen enthaltene Botschaft zu vernehmen, ist das Ziel des Focusingsprozesses.
Der erste Schritt dieses Prozesses ist der, Raum zu schaffen. In der Regel sind wir so voll von allem Möglichen, daß wir erst einmal Bedingungen schaffen müssen, um uns einem bestimmten Problem und dem inneren Erleben überhaupt zuwenden zu können.
Wie gehen wir dabei vor?

Übung: Nehmen Sie eine bequeme Stellung ein, sitzend oder liegend, auf jeden Fall so, daß äußere Störfaktoren weitgehend ausgeschaltet sind und sie das Gefühl haben, in der gewählten Stellung längere Zeit gut aushalten zu können.
Versuchen Sie sich zu entspannen, etwa derart, daß Sie einzelne Körperteile bewußt anspannen und wieder loslassen: Füße, Schenkel, Gesäß, Rücken, Schultern. Dann wenden Sie ihre Aufmerksamkeit dem Innenraum zu und schauen, was da alles an Problemen, Sorgen, Gedanken auftaucht. Schauen Sie jedes, das sich zeigt, kurz an und packen es dann in einen großen Koffer. Wenn Sie damit fertig sind, schließen Sie ihn und stellen ihn zur Seite. Dadurch verdrängen Sie die vielen Probleme nicht, aber diese dürfen für die Zeit, in der Sie an einer bestimmten „Sache" arbeiten wollen, einmal auf sich beruhen. Natürlich können Sie genauso gut eine andere Vorstellung zur Hilfe nehmen, wenn diese Ihnen besser gefallt: zum Beispiel in einen Schrank legen und abschließen. Meistens spüren Sie danach schon, daß Ihr Atem freier fließt und Sie Raum bekommen, um möglicherweise Neues, Unbekanntes auftauchen zu lassen.

5.3 Schweigen und Bilder

Beide vorgeschlagenen Übungen haben den Sinn, Einkehr in sich selbst so zu halten, daß zugleich die Stimmung oder das bedrängende Gefühl, etwa der Angst oder der Traurigkeit nicht *mich* haben, sondern ich spüre, daß *ich* dieses Gefühl *habe*. Dieses Gespür, daß ich nicht dieses Gefühl *bin*, sondern es habe, ist sehr wichtig, um in einen Prozeß einsteigen zu können, der etwas verändern will.

In der Sprache des Psalmisten wird das, was mir hilft, aus dem Teufelskreis des Selbstverhaftetseins auszubrechen, Gott genannt. Womit auch er ringt, ist die Eigenart der Beziehung, die zu Gott besteht, wenn ich mir Ihn als das „Gegenüber" zu vergegenwärtigen suche. Denn in aller Regel ist dieses Du stumm und der Raum „vor Jahwe" ist der Raum des Schweigens. Dieses Schweigen hat freilich auch innerhalb einer therapeutischen Beziehung einen wichtigen Platz. Oft dauert es lange, bevor der Klient die Sprache findet, die das ausdrücken kann, was heraus will. Würde der Therapeut in solchen Fällen diesen Raum durch Reden zu füllen versuchen, könnte das den Prozeß eher behindern. Die stille Anwesenheit und das Dabeisein in einer Atmosphäre annehmenden Wohlwollens ist oft wichtiger.

Manchmal kann es allerdings auch eine Hilfe sein, wenn sich die Aufmerksamkeit, für die ein gewisser Freiraum geschaffen wurde, auf innere Bilder richten kann, die das Heraustreten aus dem inneren Gefängnis erleichtern.

Wir sahen ja bereits, daß der Psalmist solche Bilder von Jahwe sich vor Augen führt und dadurch das innere Erleben anregt. Die Methode des „katathymen Bilderlebens" arbeitet hauptsächlich damit. Welche Bilder dazu geeignet sind, muß freilich individuell verschieden sein. Vielleicht kann das eine oder andere aus den Psalmen eine Hilfe sein:

„*... wie ein kleines Kind bei der Mutter ist meine Seele still in mir.*"
(Ps 131,2)

Möglicherweise kann aber gerade dieses Bild am Anfang noch nicht hilfreich sein, sondern eher blockieren. Dann mag das Bild der Quelle, aus der ich trinken will, um wieder zu Kräften zu kommen, sich eher anbieten:

„*Meine Seele dürstet nach Gott ...*" (Ps 42,2)

Oder ist es einfach das Sehnen nach dem ersten Silberstreifen des Tageslichts nach durchlittener nächtlicher Finsternis?

„*Meine Seele wartet auf den Herrn, mehr als die Wächter auf den Morgen.*" (Ps 130,6)

6. Rückkehr zum Kind (Die Regression)

6.1 Sehnsucht nach der schützenden und nährenden Mutter

Um nachvollziehen zu können, wie der Psalmist empfindet, müssen wir versuchen, uns seine Welt zu vergegenwärtigen und in sie hineinzugehen.
Die Erlaubnis, sich wie ein kleines Kind zu verhalten, das an der Mutter hängt und gleichzeitig von ihr loskommen will, holt sich der Psalmist daraus, daß er den Teil seiner selbst, der „unruhig" ist (= die Seele), der eigenen Mütterlichkeit, die er in sich spürt, anvertraut:

„*Ich ließ meine Seele ruhig werden und still,*
wie ein kleines Kind bei der Mutter
ist meine Seele still in mir." (Ps 131,2)

Auch dieser kurze Psalm 131 wird „vor Jahwe" gebetet:

„*Herr, mein Herz ist nicht stolz ...*" (Ps 131,1)

Aber nicht Gott wird als Mutter bezeichnet, sondern in sich selbst wird der mütterliche Raum erspürt, der Geborgenheit spenden kann, ohne die kein Mensch zu leben vermag.
Der Verfasser dieses Psalms nimmt hier die Projektion der Mutter auf andere Menschen und auf Gott zurück, die sich in vielen anderen Psalmen findet. Aber nicht nur dort. Daß auch *wir* Sehnsucht nach der Schutz und Sicherheit spendenden Mutter auf andere, auf Gott, Menschen und Institutionen („Mutter Kirche"!) projizieren, ist so alltäglich, daß wir es uns kaum mehr bewußt machen. Wir tun dabei zwar oft sehr erwachsen, doch vermag das die Tatsache nicht zu verbergen, daß wir uns unbewußt wie kleine Kinder verhalten, die auf die Mutter nicht ver-

zichten wollen. Projektionen haben es an sich, daß andere Menschen meist schneller merken, was da bei uns „abläuft", wenn wir kindliche Erwartungen an andere richten, als wir selbst.
Und doch zeigt uns gerade die Tatsache des Projizierens, daß in uns dieses Kind, als das die Psalmisten erscheinen, lebt. Mit ihm nun bewußt Kontakt aufzunehmen, uns zu den es verkörpernden Sehnsüchten zu bekennen und uns der ihm widerfahrenden Enttäuschungen und Schmerzen bewußt zu werden, darin besteht im wesentlichen der therapeutische Prozeß des Psalmengebetes.
Der Psychoanalytiker Michael Balint erkannte durch die Behandlung vieler Patienten, „daß wir alle die Phantasievorstellung einer urtümlichen Harmonie in uns tragen, auf die wir eigentlich einen Anspruch hätten, die aber entweder durch unsere eigene Schuld oder durch Machenschaften der anderen oder durch grausames Geschick zerstört wurde" (Angstlust und Regression, S. 54).
Die Psalmisten reden in ihrer Sprache vor allem von den Feinden, die dieses ersehnte Glück zerstören. Aber sie verleihen dieser „Phantasievorstellung" deutlich Ausdruck und klagen deshalb auch ebenso heftig über ihre Enttäuschungen und schreien ihre Verlassenheitsangst heraus. Da der Psalmist noch ganz Teil des Kollektivs ist, projiziert er seine Wünsche und Ängste auf seine Umgebung und auf Jahwe-Gott. Balint nennt als Merkmal dieser ursprünglichen „harmonischen Verschränkung" (wie der Fisch im Meer), „daß in ihm alle unsere Wünsche automatisch in Erfüllung gehen werden; wir werden nichts entbehren" (Angstlust, S. 54).
In der Sprache der Psalmen heißt das:

„Der Herr ist mein Hirt,
nichts wird mir mangeln ...
Er läßt mich lagern auf grünen Auen
und führt mich zum Ruheplatz am Wasser ...
Du deckst mir den Tisch
vor den Augen meiner Feinde." (Ps 23,1 – 2,5)

Wir brauchen uns nicht zu wundern, wenn unser für die Bewältigung der Alltagsaufgaben geschultes Bewußtsein solche „kindisch-naiven“ Wünsche abwehrt und sich deshalb der Zumutung, in diese frühkindliche Welt zurückzukehren, stärkste Widerstände entgegenstellen.
Andererseits spricht etwa gerade der zitierte 23. Psalm, besonders wenn er gesungen wird, tief sitzende verdrängte Gefühle an, so daß viele Menschen ihn nicht ohne Tränen in den Augen singen oder hören können. Er gehört deshalb auch zu den Liedern, die nach Tilmann Moser zur inneren Gottesvergiftung führen können, weil das Leben später nicht hält, was sie verheißen. Aber es „sind Lieder, die mit der Stimme meiner Mutter gesungen, auch starke Kinderängste gebannt und gemildert haben. Sie haben das Gefühl vermittelt, die Eltern verwalteten einen Teil dieser tröstlichen Macht und seien fähig, sie uns mitzuteilen“. Denn: In solchen Liedern „lag ein Stück verdichteter Harmonie, Stimmungen am Übergang von Wirklichkeit und Verweisung auf unwirklich Wunderbares“ (Gottesvergiftung, S. 59–60).

6.2 Wir sind sehr verletzlich

Es leuchtet ein, daß die Lebensphase, in der die beiden Grundbedürfnisse des Menschen, das nach Sicherheit und Schutz und das nach Freiheit und Individualität, zum ersten Male im Konflikt miteinander liegen, besonders anfällig für Störungen und Fehlentwicklungen ist. Nach M. S. Mahler findet die Ablösung aus der symbiotischen Einheit mit der Mutter, der Vorgang der „psychischen Geburt des Menschen“ in mehreren Phasen während der drei ersten Lebensjahre statt (Mahler/Pine/Bergmann, Die psychische Geburt des Menschen). Die notwendige Trennung vom symbiotischen Milieu wird verhindert, wenn entweder das Grundbedürfnis, geborgen zu sein, nicht erfüllt oder es dem Kind verwehrt wurde, eigene Bedürfnisse zu haben und wahrzunehmen. Ein solches Kind wird zwar gefügig, aber es kann den eigenen Lebensimpulsen nicht trauen und so nicht zu einer eigenständigen Person werden.

Hier liegen die tiefsten Wurzeln der „endogenen Depression", längst bevor diese Gebundenheit an die Mutter in der sogenannten ödipalen Phase (3.–5. Lebensjahr) mit den Ge- und Verboten der elterlichen Moral stabilisiert wird. Wenn dann diese mütterlichen Normen als „Gewissen" verinnerlicht und oft noch religiös überhöht werden, ist es kein weiter Weg mehr zur Inthronisation eines Richters, der jede selbständige Regung verbietet und mit Schuldgefühlen belegt.
Die Welt der Psalmen legt nun gleichsam offen, was als innere Welt in uns verborgen auf Er-lösung wartet: die Gebundenheit an die elterliche Fürsorge und an die elterlichen Normen; das Leiden und die Verzweiflung über diesen Zustand.
Der Bereich in den wir eintreten, wenn wir den Psalmisten folgen, ist einmal die ja noch weithin namen- und sprachlose Welt der Verwobenheit in die Symbiose mit der Mutter (die wir im Leben des einzelnen mehr erschließen, denn treffend beschreiben könnten). Diese Welt begegnet uns, wie wir bereits sahen, vor allem in den extremen Gefühlsäußerungen der Psalmisten, die an das Lachen und Schreien des Kleinkindes erinnern.
Die Beter der Psalmen sind aber sodann erwachsene Menschen, die zwar diese symbiotische Umwelt durch die enge Bindung an Familie und Sippe wesentlich enger „bei sich haben" als wir heute, die aber dennoch die Verinnerlichung der Gruppennormen (des GESETZES) vollzogen haben und so den Konflikt zwischen der idealen Norm und der Realität bewußt erleben. Dieses Erleben ist der Ausgangspunkt der Konflikte und Ängste.

6.3 Der lange Weg aus der Depression

Die Regression ins ursprüngliche Erleben des enttäuschten Kindes geschieht auch in den Psalmen nicht als Sprung, sondern ist ein Prozeß, dessen kritischster Punkt an der Stelle ist, wo alle Versuche scheitern, Lebenserfahrung und verinnerlichte Normen miteinander in Einklang zu bringen. Das aber ist der Kern der neurotischen Depression, daß die Auseinandersetzung mit den Erfordernissen des Lebens aus Angst, schuldig zu werden, nicht mehr gewagt wird. Um die Gültigkeit der verinnerlichten

Weltordnung nicht zu gefährden, muß eigenständiges Handeln möglichst unterbleiben. Ähnlich wie der Psalmist, muß auch der Depressive alle negativen Gefühlsregungen, die diesen verinnerlichten Normen widersprechen, auf andere projizieren. Wir werden darauf ausführlicher zurückkommen. Zunächst wollen wir uns den Prozeß, auf den wir uns mit dem Psalmenbuch einlassen, kurz im Überblick ansehen:

Er beginnt mit einer prägnanten Darstellung der den Glaubensnormen entsprechenden Welt-Ordnung (Psalm 1: Die beiden Wege) und endet mit dem „großen Halleluja", in dem der Beter befreit Gott lobt (Psalm 150). Dazwischen ringt er in Frage, Bitte, Klage und durch In-Erinnerung-rufen früherer Erfahrungen von Hilfe darum, nicht zu verzweifeln.

Was das Psalmenbuch als ganzes strukturiert, findet sich in den einzelnen Psalmen wieder, die als ein einziges Auf und Ab von Licht und Dunkel erscheinen. Es ist keine logische Folge der einzelnen Texte zu erkennen. Nur der Beginn (Ps 1) und der Schlußteil (Hallel-Psalmen 146–150) zeigen, daß der Prozeß, der mit der Infragestellung der Normen beginnt, auf eine endgültige Sinngebung menschlichen Lebens als Lob und Dank an Gott zielt. Er mündet in einer Verheißung, die – solange sie uneingelöst ist – den Prozeß offen hält:

„Der Herr hat Himmel und Erde gemacht,
das Meer und alle Geschöpfe;
er hält ewig die Treue
Recht schafft er den Unterdrückten,
den Hungernden gibt er Brot;
der Herr befreit die Gefangenen.
Der Herr öffnet den Blinden die Augen,
er richtet die Gebeugten auf." (Ps 146,6–8)

Im Blick auf das Selbsterleben des Depressiven ist es eine wichtige Einsicht, daß der Prozeß, der aus der Depression in mehr Lebensbejahung führt, ein langer Weg ist, für den oft gerade die nächsten Angehörigen wenig Verständnis aufbringen können. Ihnen geht das „Gejammere" und „Selbstmitleid", das untätige „Herumhängen", abgelöst von jeweiligen „Hochs" (die „manischen" zwischen den depressiven Phasen) auf die Nerven. Aber auch der Depressive selbst muß die Geduld mit sich erst mühsam lernen. Zu bereitwillig macht er sich die Vorwürfe zu eigen, zumal sie meist nur die Selbstanklagen verstärken.

Hundertundfünfzig Psalmen mit geradezu ermüdender Wiederkehr derselben Themen und Stimmungsschwankungen von Hoffnung und Verzweiflung, scheinbar wahllos und wie Bauklötze zu einem undurchsichtigen Bauwerk zusammengefügt, sind sie nicht ein sprechendes Abbild depressiven Erlebens?

Die Erlaubnis zur Regression, damit ich den aufsteigenden Gefühlen von Wut und Traurigkeit nicht weiter davonzulaufen brauche, ist deshalb ein entscheidender erster Schritt. Oft kann ihn der Depressive gegen die Übermacht der inneren und äußeren Eltern erst wagen, wenn er von einem verstehenden anderen dabei gestützt und darin ermuntert wird. Die 150 Psalmen sind als solche eine Zusage: Du darfst!

7. Die Klage

„Schüttet euer Herz vor ihm aus!" (Ps 62,9)

7.1 Verkehrte Welt-Ordnung

Eigentlich ist es völlig unverständlich, warum es nicht gelingt, froh und glücklich zu sein, warum immer wieder alles schief läuft, so ganz anders als man dachte, es vorhatte, es wollte.
Es gehört zu den verwirrenden Erfahrungen des Depressiven, daß er es doch gut meint, es absolut richtig machen möchte, daß ihm aber dabei einfach kein Erfolg beschieden ist. So wie er ist, ist er nicht in Ordnung und trotz aller Anstrengungen bleibt er hinter dem zurück, was er leisten sollte.
Dennoch: Das Bewußtsein, mit seinen moralischen Grundsätzen den meisten seiner Mitmenschen überlegen zu sein und sich niemals das zu gestatten, was andere frech beanspruchen, dieses Bewußtsein gehört zu seinem kostbarsten Besitz. Mögen andere „solche" Zeitschriften auf ihrem Wohnzimmertisch liegen haben, bei ihm käme das nie in Frage. Und während er schon den bloßen Gedanken rigoros abwehrt, eine hübsche Frau mit Wohlgefallen anzuschauen, gehen andere „gleich mit jeder ins Bett". Sie würde wegen eines Pfennigs zur Kasse zurücklaufen, wenn sie feststellte, daß ihr zuviel zurückgegeben wurde; aber andere betrügen den Staat um Millionen ...
Dies wäre alles gut und befriedigend, wenn Glück und Unglück, Freud' und Leid dementsprechend verteilt wären. Aber das Ärgerniserregende und völlig Verwirrende ist die Feststellung, daß es diesen anderen bei ihrem unmoralischen, ja gottlosen Lebenswandel offenbar glänzend, während es dem Depressiven so

dreckig geht. „Warum werde *ich* krank, der ich immer versucht habe, ein anständiger Mensch zu sein?“, lautetet häufig seine Frage. Da hält ein Mann jahrelang in einer Ehe aus, die er als ein einziges Gefängnis empfindet. Aber er bleibt treu, betet mit ihr und würde niemals an Scheidung denken, weil der Bund fürs Leben vor dem Altar geschlossen wurde. Eines Tages muß er nach einem Selbstmordversuch in der leerstehenden Wohnung seiner Mutter in die psychiatrische Klinik eingeliefert werden. Der Kollege, der sich schon das zweite Mal scheiden ließ, ist erfolgreicher Geschäftsmann und macht gerade wieder Urlaub auf Mallorca.

Ist das nicht eine auf den Kopf gestellte Weltordnung? Muß man da nicht irre werden an allem und eines Tages feststellen, daß man gar nichts mehr versteht und die Welt ein absurdes Rätsel ist? Der Depressive spürt, daß er irgendwie schuld daran ist, und doch kommt er sich gleichzeitig als das wehrlose Opfer vor, das von anonymen Mächten willkürlich gepeinigt wird.

Dies, was mir da aufstößt, das darf zuerst einmal laut ausgesprochen werden:

„Herr, warum bleibst du fern,
verbirgst dich in Zeiten der Not?
In seinem Hochmut quält der Frevler die Armen,
Er soll sich fangen in den Ränken,
die er selbst ersonnen hat.
Denn der Frevler rühmt sich nach Herzenslust,
er raubt, er lästert und verachtet den Herrn.
„Überheblich sagt der Frevler:
‚Gott straft nicht. Es gibt keinen Gott.‘
So ist sein ganzes Denken.
In jeder Zeit glückt ihm sein Tun.
Hoch droben und fern von sich wähnt er deine Gerichte.
All seine Gegner faucht er an.
Er sagt in seinem Herzen: ‚Ich werde niemals wanken.
Von Geschlecht zu Geschlecht trifft mich kein Unglück.‘“
(Ps 10,1–6)

Wut und zurückhaltende heimliche Bewunderung mischen sich in der Schilderung der „Frevler". Muß Gott, der Garant der moralischen Ordnung nicht eingreifen? Ist nicht sein Schweigen und seine Untätigkeit ein Zweifel erregendes Ärgernis?

„Ich aber – fast wären meine Füße gestrauchelt,
beinahe wäre ich gefallen.
Denn ich habe mich über die Prahler ereifert,
als ich sah, daß es diesen Frevlern so gut ging.
Sie leiden ja keine Qualen,
ihr Leib ist gesund und wohlgenährt.
Sie kennen nicht die Mühsal der Sterblichen,
sind nicht geplagt wie andere Menschen ...
Sie sagen: Wie sollte Gott das machen?
Wie kann der Höchste das wissen?
Wahrhaftig, so sind die Frevler:
Immer im Glück, häufen sie Reichtum auf Reichtum."
(Ps 73,2–5.11–12).

Müßte es nicht ganz anders sein?

„Wohl dem, der nicht dem Rat der Frevler folgt,
nicht auf den Weg der Sünder geht, ...
sondern Freude hat am Gesetz des Herrn ...
Er ist wie ein Baum, an Wasserbächen gepflanzt,
der zur rechten Zeit Frucht bringt
und dessen Blätter nicht welken.
Alles was er tut, wird ihm gelingen ..." (Ps 1,1–3)

Der erste Versuch, mit der verwirrenden Feststellung der „verkehrten Welt(ordnung)" fertig zu werden, ist die *Selbsteinrede*, es werde sich schon (bald) zeigen, daß das Glück der „Frevler" nur von kurzer Dauer ist und sie mit ihrer „gottlosen" Lebensweise scheitern werden, so daß ich, der derzeit Elende und Leidende, triumphieren werde. Es wird sich beweisen, daß meine moralische Anstrengung sich gelohnt hat:

„Mein Herz war verbittert, mir bohrte der Schmerz in den
Nieren ...
Da sann ich nach, um das zu begreifen;

es war eine Qual für mich, bis ich … begriff, wie sie enden.
Ja, du stellst sie auf schlüpfrigen Grund,
du stürzt sie in Täuschung und Trug.
Sie werden plötzlich zunichte,
werden dahingerafft und nehmen ein schreckliches Ende,
wie ein Traum, der beim Erwachen verblaßt,
dessen Bild man vergißt, wenn man aufsteht." (Ps 73,21.16–20)

Daß diese völlige Verkehrung von Tun und Ergehen sich eines Tages wie ein böser Traum auflöse und die Welt wieder in Ordnung ist, das ist die Erwartung, an die sich der Depressive zunächst hält. Und sein „Gebet" hat vornehmlich den Inhalt, daß Gott endlich diese richtige Ordnung wieder herstellen und so die Verbitterung und Qual aufheben soll, die den heimsucht, der fragt:

„*Warum darf der Frevler Gott verachten*
und in seinem Herzen sagen: ‚Du strafst nicht'?" (Ps 10,13)

Da sich das ganze Leben auf den verinnerlichten Grundsätzen von gut und böse aufbaut und das Selbstwertgefühl völlig an der Erfüllung dieser Normen hängt, ist das Erkennen der Sachlage, daß es den Bösen gutgeht, eine tiefe Kränkung und geht, wie Psalm 73 sagt, an die Nieren. Die Verbitterung raubt die Lebensfreude. Das Gefühl wächst, betrogen worden zu sein und der Glaube an einen gerechten Gott kann nur dadurch aufrecht erhalten werden, daß sein baldiges Eingreifen erwartet wird. Diese Phase kann sehr lange dauern. In immer neuen Anläufen versucht der Depressive seine „Symptome" der Lebensunlust, des Sinnlosigkeitsgefühls und der rätselhaften Traurigkeit aus organischen Mängeln zu erklären. Er geht von Arzt zu Arzt in der Hoffnung, endlich zu erfahren, was ihm fehlt und welches Mittel er dagegen einnehmen kann. An ihm selbst, an seiner Lebensweise, kann es nicht liegen. Das will er sich ständig neu einreden:

„*Der makellos lebt und das Rechte tut,*
der von Herzen die Wahrheit sagt
und mit seiner Zunge nicht verleumdet …
der den Verworfenen verachtet,

doch alle, die den Herrn fürchten, in Ehren hält ...
der sein Geld nicht auf Wucher ausleiht
und nicht zum Nachteil der Schuldlosen Bestechung annimmt.
Wer sich danach richtet,
der wird niemals wanken." (Ps 15,2–5)

„*Prüfst du mein Herz ..., dann findest du kein Unrecht an mir.*
Mein Mund verging sich nicht,
trotz allem, was die Menschen auch treiben;
ich halte mich an das Wort deiner Lippen.
Auf dem Weg deiner Gebote gehn meine Schritte." (Ps 17.3–5)

Nur allmählich kann sich der Blick, der vergleichend auf die anderen gerichtet ist, auf den Beter selbst zurückwenden und er auch seinen Anteil an Schuld erkennen, den er nicht wahrhaben wollte:

„*Solange ich schwieg, waren meine Glieder matt,*
den ganzen Tag mußte ich stöhnen ...
Da bekannte ich meine Sünde
und verbarg nicht länger meine Schuld vor dir ..." (Ps 32,3.5)

Aber der Weg dorthin ist oft lang, und dann wird die Schuld oft erst noch in Gebotsübertretungen gesehen und durch erneute moralische Anstrengung die Depression zu überwinden gesucht. Zunächst jedoch empfindet sich der Depressive als unschuldiges Opfer der anderen, die in ihrem Übermut ihn quälen, ihn heruntersetzen und ihm sogar den Tod wünschen.

7.2 Die anderen als „Feinde"

„*Die Freunde hast du mir entfremdet,*
mich ihrem Abscheu ausgesetzt;
ich bin gefangen und kann nicht heraus ..." (Ps 88,9)

Eine vielleicht noch bitterere Erkenntnis als die Ungerechtigkeit der Weltordnung ist die, daß sich die Menschen von einem abwenden und mit einem Depressiven nichts (mehr) anzufangen wissen. Das Nicht-verstanden-Fühlen ist ein regelmäßig wiederkehrender Grundton der Klage. Der Depressive fühlt sich als Kranker nicht ernstgenommen, man nimmt es ihm nicht so recht ab, daß seine Kraftlosigkeit und sein „Rumsitzen“ Symptome eines Leidenszustandes sind. Er spürt, daß die anderen unsicher sind, wie sie mit ihm umgehen sollen und ihm lieber aus dem Wege gehen.

„Zum Spott bin ich geworden all meinen Feinden,
ein Hohn den Nachbarn, ein Schrecken den Freunden;
wer mich auf der Straße sieht, der flieht vor mir.
Ich bin dem Gedächtnis entschwunden wie ein Toter,
bin geworden wie ein zerbrochenes Gefäß.“ (Ps 31,12–13)

Aber nicht nur Unverständnis kommt dem Depressiven von den Mitmenschen her entgegen. Er empfindet sich als Opfer eines mehr oder weniger versteckten Spottes. Statt Anteilnahme begegnet ihm Verachtung. So wenigstens deutet er Verhalten und Bemerkungen der anderen. Von denen, die ihm möglicherweise vorher Erfolg und Gelingen mißgönnten, sieht er sich jetzt mit Schadenfreude überschüttet, die nächsten Angehörigen gehen mit ihm um, wie sie es sich vorher nie getraut hätten.

„Ich aber bin ein Wurm, kein Mensch,
der Leute Spott, vom Volk verachtet.
Alle, die mich sehen, verlachen mich ...“ (Ps 22,7–8)

„Meine Schmach steht mir allezeit vor Augen
und Scham bedeckt mein Gesicht
wegen der Worte des lästernden Spötters,
wegen der rachgierigen Blicke des Feindes.“ (Ps 44,16–17)

„Denn nicht mein Feind beschimpft mich,
das würde ich ertragen;
nicht ein Mann der mich haßt, tritt frech gegen mich auf,
vor ihm könnte ich mich verbergen.
Nein, du bist es, ein Mensch aus meiner Umgebung,
mein Freund, mein Vertrauter,
mit dem ich, in Freundschaft verbunden,
zum Haus Gottes gepilgert bin inmitten der Menge.“ (Ps 55,13–15)

Wie der letzte Vers des 55. Psalms zeigt, hat der Depressive den Eindruck, daß nun im Stadium seiner Wehrlosigkeit die „Katze aus dem Sack“ gelassen wird. Die anderen zeigen ihr wahres Gesicht, auch die religiöse Maske fällt und das fromme Tun zeigt sich als scheinheiliges Getue.
So fühlt sich der Depressive gemieden und in eine Einsamkeit hineingestoßen, die ihn zum Außenseiter, ja zum „schwarzen Schaf“ in der Familie werden läßt und ihm gerade so das nimmt, woran er innerlich am stärksten gebunden ist: Eltern und Geschwister.

„Entfremdet bin ich den eigenen Brüdern,
den Söhnen meiner Mutter wurde ich fremd ...“ (69,9)

Freilich sucht der Betroffene den Grund dafür nicht bei sich selbst, sondern er leidet unschuldig. Ja eigentlich leidet er für Gott; denn der Dienst an ihm und die besonders harte Buße, die er sich auferlegte, provozierten Unverständnis und Spott der anderen:

„Denn der Eifer für dein Haus verzehrt mich;
die Schmähungen derer, die dich schmähen,
haben mich getroffen.
Ich nahm mich durch Fasten in Zucht,
doch es brachte mir Schmach und Schande.
Ich ging in Sack und Asche,
doch sie riefen Spottverse hinter mir her.“ (Ps 69,10–12)

So werden die anderen Menschen aus Vertrauten zu Feinden, aus Mißgünstigen zu Stieren und Büffeln (Ps 22,13–14).
Voller Lüge und Falschheit sind die, welche die Religiosität des Beters in Zweifel ziehen.

„Ich werfe mich nieder in Ehrfurcht
vor deinem heiligen Tempel.
Leite mich, Herr, in deiner Gerechtigkeit,
meinen Feinden zum Trotz; ...
Aus ihrem Mund kommt kein wahres Wort,
ihr Inneres ist voll Verderben.
Ihre Kehle ist ein offenes Grab,
aalglatt ist ihre Zunge ...“ (Ps 5,8b–10)

Damit ist jede ehrliche mitmenschliche Kommunikation aufgehoben, die Grundlagen sinnvoller Mit-teilung sind zerstört.

„Glatt wie Butter sind seine Reden,
doch in seinem Herzen sinnt er auf Streit;
seine Worte sind linder als Öl
und sind doch gezückte Schwerter.“ (Ps 55,22)

Wie geht der Depressive mit diesen Erfahrungen um? In der ersten Phase des Sich-Aussprechens kann er die aufbrechende Wut nicht äußern, weil er vom Wohlwollen der anderen sich nach wie vor völlig abhängig empfindet. Er darf nicht zerstören, was ihn trägt. So herrscht auch hier zunächst der Wunsch vor, Gott möge sich des Armen annehmen und die falschen Menschen bestrafen:

„Gott läßt sie dafür büßen;
sie sollen fallen durch ihre eigenen Ränke.
Verstoße sie wegen ihrer vielen Verbrechen,
denn sie empören sich gegen dich.“ (Ps 5,11)

Ist Gott der, der bestraft, dann richtet sich die Wut nicht direkt auf den anderen, weil er mich so schlecht behandelt und mich klein macht, sondern sein Verhalten ist vor Gott böse und falsch und deshalb kann die Sache Gott und seiner Gerechtigkeit übergeben werden. Es darf uns nicht wundern, wenn der Psalmist wie selbstverständlich an Gott und seine ausgleichende Gerechtigkeit appelliert, da Gott ja zum festen Bestandteil des verinnerlichten Normensystems der Sippe geworden ist. Seine Projektionen richten sich deshalb auf ihn ebenso wie auf seine Mitmenschen. Noch ruht alle Hoffnung auf Änderung darauf, daß die Verhältnisse sich wieder zum Besseren kehren, das heißt hier: daß die anderen von jemandem gezwungen werden, sich zu ändern.

In der Psychotherapie wird dieses Ansinnen gerne an den Therapeuten gestellt. Er soll den anderen klarmachen, daß sie „schief liegen“ und endlich Einsicht zeigen und den Depressiven „richtig“ behandeln müssen.

Solche „Ich-Stärkung“ braucht der Depressive in der Anfangsphase der Therapie, weil er sich einer direkten Auseinandersetzung noch nicht gewachsen fühlt.

Freilich muß die Therapie Depressiver stets das Umfeld mit gegenwärtig haben; denn erst als Teil des symbiotischen Systems kann der Hilfe Suchende richtig verstanden werden. Manche vertreten deshalb die Auffassung, daß nur ein familien- oder mindestens partnertherapeutischer Ansatz einer Depression wirksam begegnen könne.

Tatsächlich wird sich die mindestens zeitweilige Einbeziehung der engsten Bezugspersonen dann nahelegen, wenn der Depressive in seiner bisherigen Umgebung verbleibt, was bei einer ambulanten Psychotherapie der Fall ist. Aber dabei muß sorgsam im Auge behalten werden, daß der Therapeut sowohl vom Klienten als auch von den Angehörigen für ihre Zwecke eingesetzt werden soll, um die jeweilige Position zu stärken. So ist es typisch, wenn ein Gespräch, zu dem die Ehefrau auf eigenen Wunsch eingeladen wird, folgendermaßen beginnt:

„Nun erklären Sie bitte meiner Frau einmal, warum die Therapie sein muß!"

Der Klient muß also lernen, daß der Therapeut die anderen nicht zu belehren hat, wie sie sich zu verhalten haben, damit der Klient keine Minderwertigkeits- und Schuldgefühle mehr zu haben braucht. Andererseits müssen die Angehörigen begreifen, daß sie nicht als „Hilfskräfte" (Co-therapeuten) eingesetzt werden sollen, sondern nach ihren Gefühlen in der Situation mit dem Kranken gefragt werden, um sich bewußter damit auseinandersetzen zu können.

Dennoch ist der Depressive nicht einfach *nur* als Teil eines nach bestimmten Gesetzmäßigkeiten ablaufenden Regelkreises zu sehen. Er will letztendlich als der einmalige Mensch wahr- und angenommen werden, der sich unter einem ihm zunächst noch rätselhaften Leidensdruck in die Depression als Überlebensmöglichkeit geflüchtet hat.

7.3 Das Gefühl, am Ende zu sein

„Hilf mir, o Gott!
Schon reicht mir das Wasser bis an die Kehle.
Ich bin in tiefem Schlamm versunken
und habe keinen Halt mehr;
ich geriet in tiefes Wasser,
die Strömung reißt mich fort.
Ich bin müde vom Rufen,
meine Kehle ist heiser,
mir versagen die Augen,
während ich warte auf meinen Gott ...“ (Ps 69,2–4)

Stellvertretend für viele steht dieser Text, der die ausweglose Lage des Menschen ausdrückt, der sich „grundlos“ gehaßt fühlt. Denn so fährt der Text fort:

„Zahlreicher als die Haare auf meinem Haupt
sind die, die mich grundlos hassen.“ (Ps 69,5)

Für den Nichtdepressiven ist es sehr schwer, sich in die Situation einzufühlen, die vom Kranken so intensiv erlebt wird, daß nur Bilder wie die obigen annähernd aussagen können, wie es ihm geht. In immer neuen Anläufen und über lange Zeit kann diese Klage notwendig sein, und alleine dies alles herauszulassen und nicht für die „Jammerei“ gerügt zu werden, ist für den Depressiven sehr wichtig.

Die Psalmen schildern die ganzen Variationsbreite dieses Gefühls, am Ende zu sein und tragen es schonungslos vor Jahwe:

„Kraftlos bin ich und ganz zerschlagen,
ich schreie in der Qual meines Herzens.
All mein Sehnen, Herr, liegt offen vor dir,
mein Seufzen ist dir nicht verborgen.“ (Ps 38,9)
„Vernimm doch mein Flehen,
denn ich bin arm und elend ...
Meinen Verfolgern entreiß mich,
sie sind viel stärker als ich.
Führe mich heraus aus dem Kerker,
damit ich deinen Namen preise.“ (Ps 142,7–8)

Das Bild des Kerkers gehört dabei zu den häufigsten, die von Depressiven zur Verdeutlichung ihres Zustandes gebraucht werden. Auf Bildern, die sie selbst malen, erscheinen immer wieder Gefängnismauern und eiserne Gitterstäbe. Viele zeichnen sich auch als im Sarg oder im Grab liegend:

„Denn meine Seele ist gesättigt mit Leid,
mein Leben ist dem Totenreich nahe.
Schon zähle ich zu denen, die hinabsinken ins Grab,
bin wie ein Mann, dem alle Kraft genommen ist.
Ich bin zu den Toten hinweggerafft,
wie Erschlagene, die im Grabe ruhen; ...
Du hast mich ins tiefste Grab gebracht,
tief hinab in finstere Nacht.“ (Ps 88,4–7)

Ein anderes Bild schließt sich unmittelbar an, das die totale Ohnmacht unterstreicht, der sich der Depressive ausgeliefert fühlt:

„Schwer lastet dein Grimm auf mir,
all deine Wogen stürzen über mir zusammen.“ (Ps 88,8)

Oder:

„Flut ruft der Flut zu beim Tosen der Wasser,
all deine Wellen und Wogen gehen über mich hin.“ (Ps 42,8)

Dem so Bedrängten ist jede Möglichkeit genommen, selbst für seine Rettung tätig zu sein. Ihm sind im wahrsten Sinne des Wortes die Hände gebunden. Psalm 18 faßt gleichsam das ganze Ausmaß der Hilflosigkeit und Angst zusammen:

„Mich umfingen die Fesseln des Todes,
mich erschreckten die Fluten des Verderbens.
Die Bande der Unterwelt umstrickten mich,
über mich fielen die Schlingen des Todes.“ (Ps 18,5–6)

Der Zustand der Ohnmacht wird manchmal noch drastisch verschärft, wenn die Umwelt, die anderen als „fressende“ Wesen, wie wilde Tiere erlebt werden.

„Viele Tiere umgeben mich,
Büffel von Baschan umringen mich.
Sie sperren gegen mich ihren Rachen auf,
reißende, brüllende Löwen … (Ps 22,13–14)

Der beginnende psychotische Zustand ist unverkennbar, denn es ist kein Ich mehr da, das mit der Übermacht der „Feinde" fertig wird:

„Ich bin hingeschüttet wie Wasser,
gelöst haben sich alle meine Glieder
Mein Herz ist in meinem Leib wie Wachs zerflossen." (Ps 22,15)

In der Phase der *Klage*, die in der Regel zunächst den vorbereiteten Freiraum der Therapie ausfüllt, wird die Erlebniswelt des Kranken ausgebreitet, ohne daß bereits auf die darin zum Ausdruck kommenden Projektionen eingegangen wird. Diese Welt, so wie sie sich in den Bildern, Vorstellungen und Gefühlen zeigt, darf endlich einmal ausgesprochen und herausgeheult werden, braucht nicht länger mit Schuldgefühlen und untergründiger Angst verborgen gehalten werden. Da ist nun einmal dieser schreckliche Zustand, der das Leben zur Hölle macht und oft genug den Gedanken eingibt, dem allem selbst ein Ende zu bereiten, weil es nicht mehr auszuhalten ist.
Oft genug fühlt sich der Depressive ja wirklich „von allen guten Geistern" verlassen, auch und gerade von Gott.

„Tränen waren mein Brot bei Tag und bei Nacht;
denn man sagte zu mir den ganzen Tag:
Wo ist nun dein Gott?" (Ps 42,4)

Für viele religiös erzogene Patienten gehört der Verlust der Gottesbeziehung (so wie sie diese gewohnt waren) zum Schmerzlichsten. Sie können nicht beten und in Gedanken an Gott keinen Trost finden. Aufkommende Zweifel an seiner Gegenwart werden erst recht ängstlich abgewehrt, weil damit dann alles aus zu sein scheint. Die Älteren haben im Religionsunterricht noch gelernt, daß Glaubenszweifel eine „Todsünde" ist. Mit dem Psalmisten darf der Therapeut den Depressiven ermuntern, auch diesen Gefühlen Raum zu geben:

„Ich sage zu Gott, meinem Fels:
Warum hast du mich vergessen?“ (Ps 42,10)

Der Kranke muß nach und nach Zutrauen gewinnen, so sein zu dürfen, wie er sich wirklich fühlt, ohne bemitleidet oder verurteilt zu werden. Mitleid hilft ihm gar nicht. So sinkt er nur tiefer in die Grube und der „Helfer“ daneben. Ebenso wichtig ist aber, daß er sich verstanden weiß, daß dem Therapeuten dieser Zustand nicht fremd ist und diesen nicht erschreckt. Denn sonst hat er ja nichts mehr, an das er sich halten kann. Umgeben von tosenden Wogen und dem Ertrinken nahe, hat er ja nichts anderes mehr als diesen festen Punkt: das gleichbleibende Da-sein dessen, vor dem er klagt. Ist dieser andere ein konkreter, leibhaftiger Mensch ist es oft leichter als wenn dieser Fixpunkt nur in der Vorstellung besteht. Entscheidend ist jedoch, wie bereits im vorhergehenden Kapitel besprochen, daß ein ansprechbares „Anderes“ in einem vorausgreifenden Vertrauen vorgestellt wird, das im Chaos nicht mituntergehen kann.

Klage als An-klage und als „Jammern“ des gequälten, vereinsamten und verzweifelten Menschen führen ganz langsam zu einem intensiveren „Sich-selbst-fühlen“, mag dieses „Selbst“ noch so vage und unbestimmt sein.

Es gehört ja zu den verwirrenden Erfahrungen des Depressiven, daß er gar nicht mehr wagt, sich mit seinen Bedürfnissen ernst zu nehmen, wenn er seinen Zustand fühlt. Immer wieder wird er verunsichert durch die Bemerkungen und vielleicht auch regelmäßigen „Ermahnungen“ der Angehörigen, sich doch nicht so gehen zu lassen und sich zusammenzunehmen. Wenn das laute Klagen und die noch recht vorsichtig rausgelassene Wut (oder sagen wir in diesem Stadium besser: Unmut) über die Ungerechtigkeiten der Welt verklungen sind, kann sich Niedergedrücktsein und Traurigkeit tiefer drinnen melden. Sie können sich deutlicher als ein Zustand offenbaren, der das – zum Tode geschwächte, aber dennoch vorhandene – Ich und das „Herz“ betreffen, die Mitte der Person und nicht nur irgendwelche Verhaltensweisen.

Der geradezu klassische Psalm 42/43 drückt das so aus:

„Meine Seele, warum bist du betrübt
und bist so unruhig in mir? (Ps 42,6.12,43,5)

Regt sich da wieder was in mir, das ich mit „Seele" benennen kann, die unter den beklagten Zuständen leidet, dann bin ich doch einen wichtigen Schritt vorwärts gegangen. Ich bin nun nicht mehr nur einfach das Elendsbündel, das da hilflos daliegt und nicht weiß, ob es aufgehoben oder zertreten wird. Ich fühle, daß es um *mich* und mein Leben geht. Ich selbst, so beginne ich zu ahnen, muß mich darum kümmern, daß der Weg nicht in einen Abgrund führt. Auch wenn ich spüre, wie elend und schwach ich bei dieser aufkeimenden Einsicht bin, so treibt mich doch gerade meine Klage „vor Jahwe" in diese Richtung:

„Mit lauter Stimme schreie ich zum Herrn ...
Ich schütte vor ihm meine Klagen aus,
eröffne ihm meine Not.
Wenn auch mein Geist in mir verzagt,
du kennst meinen Pfad.
Auf dem Weg, den ich gehe,
legten sie mir Schlingen.
Ich blicke nach rechts und schaue aus,
doch niemand ist da, der mich beachtet.
Mir ist jede Zuflucht genommen,
niemand fragt nach meinem Leben." (Ps 142,2–5)

Es dauert meistens geraume Zeit, bis der Depressive merkt, daß kein anderer ihm die Aufgabe abnehmen kann, *sein* Leben in die Hand zu nehmen und eigenverantwortlich zu gestalten. Zuerst sieht er eben nur die Schlingen, die andere gelegt haben und die ihm ja lange genug dazu dienten, dieser Aufgabe auszuweichen.
Für den Therapeuten, der den Kranken eventuell begleiten darf, ist es wichtig, sich diese unabänderliche Tatsache bewußt zu machen und nicht die Illusion zu vermitteln, *er* könne für den Depressiven die Probleme lösen. Freilich führt das ein Stück weit in die – notwendige! – Ent-täuschung herein, daß nun – entgegen der anfänglichen Erwartung – niemand da ist, der sich um ihn kümmert.
Aber nur durch diese enge Pforte hindurch kann die nächste

Phase des therapeutischen Prozesses beschritten werden, in der es darum geht, die Projektionen zurückzunehmen und dem Feind und seinen Machenschaften im eigenen Hause auf die Spur zu kommen. Sein Herrschaftssystem zu durchschauen wird ein wesentlicher Schritt sein, sich daraus zu befreien.

8. Das Erkennen des wahren Zustandes

Als Kind haben wir nicht selten erfahren, daß Weinen und Klagen unsere Eltern aufgeregt und geärgert haben. „Sei doch endlich still, du Heulsuse!“ Oder der Gefühlsausbruch brachte uns gar die Drohung ein, dafür hart bestraft zu werden: „Wenn du nicht gleich still bist, dann werde ich dir einen Grund geben, zu heulen!“

Ein „plärrendes“ Kind ist ein böses Kind. Dazu ist es sehr undankbar gegenüber den Eltern, die sich solche Mühe mit ihm geben.

So ist es also kein Wunder, wenn es dem Erwachsenen schwerfällt, seine tieferen Gefühle zuzulassen, wozu ihn die Psalmen ermuntern: Wie ein Kind, so sahen wir, darf der Mensch, der sich ohnmächtig in der Gewalt der „Feinde“ gefangen fühlt, seine Traurigkeit und Wut herauslassen und dabei wissen, daß er nicht dafür verurteilt oder gar bestraft wird. Deshalb ist es wichtig, daß dem Jammern und der Klage genug Raum und Zeit gelassen wird. Sich-Zusammennehmen gehörte ja zu den früh erworbenen Verhaltensweisen des Depressiven, der sich zu schwach fühlt, um den Widerspruch gegen eine übermächtige Autorität zu wagen.

Und doch bildet sich allmählich unter der Decke der Emotionen ein erstarkendes Ich, das spürt, daß ein nächster Schritt in der Entwicklung notwendig ist. Dieser Schritt besteht in der Erkenntnis, daß am jetzigen Zustand meines Lebens nicht nur die anderen schuld sind, nicht nur eine verkehrte Welt-Ordnung oder irgendwelche Schicksalsmächte, einschließlich Gott. In mir selbst muß ich nachsehen, um Zug um Zug wahrzunehmen, daß *ich* die Feinde in meinem Inneren mit jener furcht-baren Machtfülle ausgestattet habe, unter der ich nun so erbärmlich leide.

8.1 Die Zurücknahme der Projektionen

Wir hatten gesehen, daß das Hineinverlegen eigener seelischer Regungen in andere (Objekte und Menschen) zu einer Stufe der Persönlichkeitsentwicklung gehört, in der das Ich noch sehr schwach ausgebildet ist. In der Geschichte der Menschheit zeigte sich dies am Hineingewobensein des Individuums in eine feste Gemeinschaft, Familie, Sippe oder Stamm, deren Normen sich der Einzelne bedingungslos unterwerfen muß, um überleben zu können. Subjekt und Objekt, Ich und Welt, sind noch nicht deutlich geschieden, bilden noch eine „participation mystique“ (Levi-Strauss), sind noch nicht als die subjektive Innen-Welt und die Dinge (Menschen) draußen auseinandergetreten. In der Biographie des Einzelnen finden wir in den ersten Lebensmonaten diese Phase wieder, wobei Mutter und Kind als „Dyade“ (= Zwei-Einheit) anzusehen sind. Aber darüber hinaus erlebt das Kind noch viele Jahre seine Familie als eigentliches Ich, da es von ihr her sein Selbst-Bewußtsein und seine Lebensmöglichkeiten bezieht.

Kann das Ich als Folge des Wachstums der eigenen Fähigkeiten erstarken, dann wird der Heranwachsende Schritt für Schritt gezwungen, die Grund-Projektion zurückzunehmen, daß seine Existenz von den Eltern (Familie) her zu bestimmen ist und nur in der nahtlosen Übereinstimmung mit ihnen sein Dasein Berechtigung hat.

Da diese Zurücknahme Hand in Hand mit der Einsicht geht, daß nun aber auch die Verantwortung für das Leben selbst übernommen werden muß und nicht mehr auf andere abgeschoben werden kann, macht sie angst und ist stets mit einer Wachstums*krise* verbunden, die in der Jugendzeit gewöhnlich ihren Höhepunkt erreicht.

Diese Zusammenhänge sind bekannt und brauchen hier nicht weiter entfaltet zu werden.

Wichtig ist allein die Erkenntnis, daß der Depressive genau diesen Schritt nicht vollzog und aus verschiedenen Gründen glaubte nicht tun zu können. Der entscheidende Grund ist eine tiefgehende Entmutigung, worauf weiter unten noch ausführlicher eingegangen wird.

Die dem Depressiven gestellte Aufgabe ist folglich der ähnlich, vor die sich der junge Mensch gestellt sieht, nur ist sie wesentlich schwerer zu bewerkstelligen. Zur Angst kommt die Resignation, daß eine Änderung des Zustandes „in meinem Alter" überhaupt noch möglich ist.

Denn die Impulse, die den Jugendlichen zur Selbstwerdung vorantreiben, scheinen erlahmt, wenn die Lebensmitte erreicht oder überschritten wird. Der Herrschaftsbereich der inneren Feinde, ja Götter, ist inzwischen zu einer totalen Besetzung des Territoriums geworden, so daß das hilflose Ich nur noch eine Marionette in der Hand der „Besatzungsmacht" ist.

Und dennoch gibt es keinen anderen Weg, als die Mechanismen dieser inneren Diktatur zu erkunden, so erdrückend sie sein werden, um dann die Auseinandersetzung mit diesen Machthabern zu wagen. Dazu müssen die Feind-Projektionen zurückgenommen werden und das, was ich anderen Menschen an Bösartigkeit, Machtgier und Lüge vorwerfe, als Bausteine des eigenen Herzens erkannt werden.

Wie aber werden Projektionen zurückgenommen?

Marie-Louise von Franz, eine Schülerin von C. G. Jung, die sich mit dieser Thematik ausführlich befaßte (Spiegelungen der Seele), beschreibt fünf Stufen, wobei sie die Stufenfolge auf der kollektiven Ebene durch die abendländische Geistesgeschichte hindurch verfolgt. Wir wollen sehen, ob ihre Gedanken sich auch für unsere Fragestellung als fruchtbar erweisen.

Die erste Stufe, die der „archaischen Identität", bezeichnet einen Geisteszustand, in dem innerseelische und äußere Naturtatsachen nicht unterschieden werden: Ein seltsam geformter Baum im Halbdunkel *ist* ein böser Riese, der mich erschlagen will; der Donner ist Gottes Stimme, vor der ich erschrecke. In tiefen Schichten unserer Seele lebt diese Stufe noch, welche die magische Phase des Kindesalters oder psychotische Zustände des Erwachsenen kennzeichnet.

Auf der zweiten Stufe wird das Objekt von einer „dahinter stehenden" Realität unterschieden: der Donner ist nicht Gottes Stimme, sondern Gott „benutzt" den Donner, um sich bemerkbar zu machen. Er kann aber auch andere Erscheinungsformen wählen.

Der Versuch, Phänomene *moralisch* zu bewerten, ist für die dritte Stufe typisch. Zeigt sich im Rauschen eines Waldes ein guter oder ein böser Geist?
Die vierte Stufe erscheint dann wie eine gewaltsame Lösung des aufgeworfenen Problems. Auf ihr wird in einem „ Akt der Aufklärung“ wie v. Franz sagt, die Existenz von Geistern überhaupt geleugnet und das Erlebnis als Illusion abgetan (Spiegelungen, 17).
Endlich kann man sich aber auf der fünften Stufe dem Eindruck doch nicht entziehen, daß das Erlebte real ist und nicht einfach eine Selbsttäuschung gewesen sein kann. Dann erst *erkennt* man es als eine Projektion, das heißt, das außen Wahrgenommene wird als Teil der eigenen seelischen Wirklichkeit, als Zustand *im* Menschen, erkannt.
Beziehen wir diese Stufenfolge auf die Feindschilderungen der Psalmen, dann haben wir den Eindruck, daß das Böse und Widergöttliche mit bestimmten anderen Menschen völlig identifiziert wird. Freilich gibt es für jede Projektion im anderen, auf den ich projiziere, einen realen Anhaltspunkt. Das heißt, daß die Projektionen des Bösen in erster Linie sicher auf Menschen gerichtet werden, von denen der Beter des Psalms tatsächlich Feindseliges erfährt. Aber es fehlt jede Differenzierung zwischen der Person und ihrem Verhalten mir gegenüber. Von daher wünscht der Psalmist konsequent, daß die Feinde vernichtet werden:

„Gieß über sie deinen Grimm aus,
dein glühender Zorn soll sie treffen!...
Sie seien aus dem Buch des Lebens getilgt
und nicht bei den Gerechten verzeichnet!“ (Ps 69,25.29)

Von daher wird auch verständlich, weshalb Israel im „heiligen Krieg“ sich dazu verpflichtet sah, besiegte Feinde erbarmungslos auszurotten. Sie sind „ Verkörperungen“ des Widerspruchs gegen Jahwe. Die Zurücknahme der Projektionen beginnt also damit, daß wir erkennen, daß die Psalmisten, wenn sie über bedrängende und verhöhnende Mitmenschen klagen, auch eigene seelische Zustände in den Schilderungen des Verhaltens der Feinde Gestalt finden lassen (zweite Stufe).

Diese Verhaltensweisen, die nun gleichsam sinnlich vor mir ausgebreitet liegen, werden moralisch bewertet (dritte Stufe).
Hier deutet sich eine ernsthafte Krise an: Kann das wahr sein? Ist es nicht alles maßlos übertrieben? Handelt es sich nicht um die Ausgeburt einer überspannten Phantasie?
Oder aus unserer heutigen Sicht bezüglich der Bibel:
Ist das nicht längst vergangen und nur noch für den Historiker interessant? (vierte Stufe).
Erst wenn wir spüren, daß in den Schilderungen der Psalmen eine Wirklichkeit ausgesprochen wird, die auch *das eigene Erleben,* besonders das im Zustand der Depressivität, kennt, werden wir zum letzten Schritt bereit sein:
Uns darauf einzulassen, daß im Treiben der Feinde eine uns weithin verborgene Seite *unserer Seele* offengelegt wird. Sie als Wahr-heit (griechisch: a-lätheia = Unverborgenheit) unseres Lebens an-zu-erkennen, ist uns im therapeutischen Prozeß aufgegeben, der zu mehr Freiheit führen will. Folgerichtig beschreibt Marie-Louise von Franz diesen vor uns liegenden Weg in Anlehnung an das Neue Testament als *Umkehrprozeß:*
„Man ist zunächst im Falle einer anpassungsstörenden Projektion ... von einem starken Affektstrom getragen sowie von einem Begehren (das geliebte Objekt zu ‚fressen', den Feind zu ‚vernichten'). Mit diesem Verhalten stößt man wiederholt in der Außenwelt an, was zu Streit und Enttäuschungen führt. Stolz und Trotz verführen einen dazu, erst recht noch weiter in der gleichen Richtung zu streben. Wenn sich der Affekt nach innen kehrt, kann er auch zu Selbstmordphantasien führen. Wenn das Leiden lange genug angedauert hat, so lange, daß die Kräfte des Ich aufgerieben sind und man beginnt, sich ‚klein und häßlich' zu fühlen, kommt jener gnadenhafte Augenblick der möglichen Reflexion, der Zurückbeugung des Energiestroms vom Objekt oder der Vorstellung weg auf sich selbst ...
Man wird still, oder eher ‚es wird in einem still'. Die Einsicht in die Projektion selber ist dann meistens ungeheuer einfach – kein ‚ja aber' hängt mehr daran, wenn auch der beleidigte Stolz noch einiges zu knurren hat. Am schmerzlichsten ist bei diesem Prozeß die Erkenntnis, daß man durch die vorangegangene Fehlhaltung ein Stück wertvoller Lebenszeit verloren hat oder sogar aus

‚heiliger Überzeugung‘ schwerwiegende Untaten begangen hat“ (Spiegelungen, 151–152).

Mit Bedacht spricht die Autorin vom Leidensdruck und dem „gnadenhaften Augenblick“, der uns dazu veranlaßt, die Projektion zurückzunehmen. Die Psalmen drücken diese Erkenntnis einmal in der Überfülle der geschilderten Seelenzustände von „klein und häßlich“ aus, wovon wir bereits ausführlich sprachen (Kap. 7), und ferner durch die Überzeugung, dabei „vor Jahwe“ zu stehen und von Ihm Hilfe und Unterstützung zu erhalten. Als entscheidende Hindernisse auf dem Weg der Projektionsrücknahme nennt von Franz Stolz und Trotz und den Schmerz über ein ungelebtes Leben. Wie sehr gerade die zuletzt genannte Einsicht noch einmal ein verzweifeltes Aufbäumen gegen das Wahrnehmen des eigenen Zustandes hervorrufen kann, weiß jeder, der schon vor den Scherben seines bisherigen Lebenskonzepts stand.

Es wundert uns nicht, wenn die Psalmisten davon sprechen, daß sie sich wie Tote in der Grube fühlen und dabei den inneren Züchtiger nicht nur auf irgendeinen Feind, sondern auf Gott selbst projizieren, der ihnen das Leben raubt:

„Er hat meine Kraft auf dem Weg gebrochen,
er hat meine Tage verkürzt.
Darum sage ich: Raff mich nicht weg in der Mitte des Lebens,
mein Gott, dessen Jahre
Geschlecht um Geschlecht überdauern!“ (Ps 102,24–25)

Tatsächlich kann, wie die therapeutische Erfahrung zeigt, die Projektion des inneren Machthabens auf Gott und die daraus erwachsende Überzeugung, daß das eigene Leiden von Gott als Strafe geschickt ist, die Zurücknahme der Projektionen oft nicht nur sehr erschweren, sondern unmöglich machen.

Der „gnadenhafte Augenblick“ muß dann mit der von Gott selbst geschenkten Ahnung einhergehen, daß Gott so nicht ist.

8.2 Die Feinde als Ich-Ideal und Über-Ich

Die Psalmen gestatten uns, wie in einem Spiegel unseren inneren Zustand anzuschauen, weil sie ihn in lebendiger Schilderung Gestalt werden lassen. Wir wollen in zwei Schritten uns vorwagen: In einem ersten Schritt nehmen wir die eigentümliche Machtfülle des Feindes in den Blick, die zugleich ihn fürchten läßt und doch irgendwie auch fasziniert. Dabei wird diese Gestalt stellenweise die Ebene des Menschlichen verlassen und fast göttliche Dimensionen annehmen. Ja, Gott selbst ist dann der Feind, der uns im Griff hat. Danach schauen wir Eigenschaften und Treiben der Feinde näher an, all das, was der Psalmist ihnen an Gemeinheiten vorwirft, um ihre Gestalt möglichst hautnah zu erleben.

Wir wenden uns dafür den Psalmen zu, die nach Auskunft der Bibelwissenschaft aus einer älteren Spruchweisheit stammen. In ihr ist der Feind vornehmlich der „negative Typus" in dem Sinn, daß ihm alles Schlechte, vor allem moralisch Schlechte, angehängt wird.

Unter dem Einfluß der Propheten, besonders Jeremias, wird der Feind mehr zum Gottlosen oder Gottfernen (Keel, Feinde, 112ff). Dieser Prozeß innerhalb der Psalmentradition ist auch für den therapeutischen Prozeß von Bedeutung. Denn die Erkenntnis, daß das Tun des Feindes sich gegen Gott richtet, daß demnach das Leben des vom Feind beherrschten Menschen letztlich Widerspruch gegen Gott ist, bedeutet noch einmal eine weitere Stufe der Erkenntnis. Sie kann für den sich als religiös betrachtenden Menschen besonders erschreckend sein. Hat er doch gelernt, daß Haß gegen Gott die schlimmste Sünde überhaupt ist.

Wir werden deshalb diesen Aspekt der Feindthematik in einem eigenen Abschnitt besprechen.

*„Verschaff mir Recht, o Herr, denn ich habe ohne Schuld
gelebt ...
Erprobe mich, Herr, und durchforsche mich,
prüfe mich auf Herz und Nieren ...
Ich saß nicht bei falschen Menschen,
mit Heuchlern hatte ich keinen Umgang ...
Ich wasche meine Hände in Unschuld ...“* (Ps 26,1–2.4.6)

Dieser Feind, gegen den Gott Recht verschaffen soll, ist offenbar auch ein *Ankläger*. Aber der Psalmist wehrt sich gegen die Vorwürfe und bezichtigt sie der Lüge:

*„Aus ihrem Mund kommt kein wahres Wort,
ihr Inneres ist voll Verderben.
Ihre Kehle ist ein offenes Grab,
aalglatt ist ihre Zunge ...“* (Ps 5,10)

Psalm 35 schildert sie als „ruchlose Zeugen“:

*„Da treten ruchlose Zeugen auf.
Man wirft mir Dinge vor, von denen ich nichts weiß.
Sie vergelten mir Gutes mit Bösem.
Ich bin verlassen und einsam.
Ich aber zog ein Bußkleid an, als sie erkrankten,
und quälte mich ab mit Fasten ...
Als wäre es ein Freund oder ein Bruder,
so ging ich betrübt umher,
wie man Leid trägt um die* Mutter,
*trauernd und tief gebeugt.
Doch als ich stürzte, lachten sie ...
Sie hörten nicht auf, mich zu schmähen;
sie verhöhnten und verspotteten mich,
knirschten gegen mich mit den Zähnen ...“* (Ps 35,11–16).

Immer wieder klagen depressive Menschen: „Ich gebe mir doch solche Mühe, es recht zu tun; ich will helfen und anderen Gutes tun. Aber es geht immer schief. Und dann bin *ich* schuld und ernte die Vorwürfe ...!“
Unser Psalmist macht diese Erfahrung auch: Gerade die vertrau-

ten und vertrautesten Menschen werden zu „Feinden". Von ihnen verlassen zu werden, ist aber schlichtweg katastrophal (Vers 12).

Ein Klient bricht schon bei der Begrüßung in Tränen aus: Die Angst, daß seine Frau ihn allein läßt, läßt ihn am ganzen Leib zittern. Mit ihren Vorwürfen, daß er ihr, die sie krank ist, keine richtige Hilfe sei (trotz aller Bemühung und trotz „betrübtem Umhergehen" [Ps 35, 14]), habe sie ja recht. Aber wenn sie ihn verlasse, wisse er nicht weiter.

Was zeigt sich, wenn die Projektion zurückgenommen wird und der Ankläger, ohne den ich nicht leben zu können glaube, ohne den ich mich verlassen fühle, den ich aber zugleich – uneingestandenermaßen – hasse, wenn dieser Ankläger als innere Instanz wahrgenommen wird?

Unser Psalm tastet sich zu ihr vor: Freund ..., Bruder ..., *Mutter* (Vers 14).

Tatsächlich ist also der anklagende „Feind" ein sehr vertrauter Teil von mir. Es ist die verinnerlichte Mutter, die mir ein hohes Ideal von Menschsein vermittelt hat, dem ich offenbar nicht genüge. Dieses Ich-Ideal, das die Mutter (Eltern), aber auch andere wichtige Bezugspersonen („Freunde" und „Brüder") mitgeformt haben, wird nun, da ich mich den konkreten Lebenskonflikten ausgesetzt sehe und versage, zum Ankläger. Er sagt zu mir: „Du bist nicht gut genug!" Da ich aber noch unfähig bin, die Ansprüche des Ich-Ideals an meinen wirklichen Möglichkeiten und Fähigkeiten zu messen, *leide* ich vorerst unter seinen ver-nichtenden, spöttischen Angriffen:

„Denn nicht mein Feind beschimpft mich,
das würde ich ertragen ...
Nein, du bist es, ein Mensch aus meiner Umgebung,
mein Freund und Vertrauter,
mit dem ich in Freundschaft verbunden,
zum Haus Gottes gepilgert bin inmitten der Menge ..."

(Ps 54, 13–15)

Dieser vertraute Teil von mir beinhaltet auch meine religiösen Ideale: Unter seinem Einfluß ging ich jeden Sonntag in die Messe, und seine „Sprüche" habe ich immer wieder versucht, mir zur Devise zu machen:

„*Wirf deine Sorgen auf den Herrn, er hält dich aufrecht! Er läßt den Gerechten niemals wanken.*" (Ps 55,23)

Dieser Satz ist im Psalm 55, wie O. Keel überzeugend nachgewiesen hat, ein Ausspruch des „Feindes", von dem es im Vers vorher heißt:

„*Glatt wie Butter sind seine Reden ...*
seine Worte sind linder als Öl
und sind doch gezückte Schwerter." (Ps 55,22)

Freilich, „gezückte Schwerter" werden diese Reden erst, wenn sich die frommen Sprüche in der Lebensrealität nicht bewähren, weil sie von einer Instanz kommen, die mich zwingt, meine Schwäche, meine Bosheit und mein Mißtrauen gegen Gott dauernd zu überspielen.

Die Frage drängt sich auf: Warum braucht es das Leiden, um den Widerspruch zwischen Ich-Ideal und meinen realen Lebenskräften zu erkennen? Warum hänge ich so daran, daß mir der Abschied davon noch tieferen Schmerz zu bereiten scheint, so daß ich lieber „anhänglich" bleibe?

Um das zu verstehen, müssen wir uns wenigstens in Grundzügen das vor Augen führen, was die Psychoanalyse „Verinnerlichung der geliebten Bezugspersonen" nennt, womit in erster Linie Mutter und Vater gemeint sind.

Dieser Erkenntnis, daß die Instanzen von Ich-Ideal und Über-Ich die verinnerlichten Eltern sind, stehen gerade bei uns Christen enorme Widerstände entgegen. Das Gebot, die Eltern zu ehren, scheint eine Auseinandersetzung mit diesem Thema zu verbieten.

Dazu ist es wichtig, uns klarzumachen, daß die verinnerlichten Elternbilder *nicht mit den leiblichen Eltern identisch sind,* sondern diese lediglich am Aufbau dieser Instanzen mitwirken. Für einen Fortgang des therapeutischen Prozesses ist die Erkenntnis der fundamentalen Abhängigkeit von den verinnerlichten Eltern ein Meilenstein.

Auch eine christlich orientierte Psychotherapie muß sich deshalb diesem Tatbestand verstärkt zuwenden und seine Tragweite erkennen.

So schreibt Josef Rudin in seinem Buch „Psychotherapie und Religion (Seele – Person – Gott)“:
„Es ist verwirrend und tief beunruhigend, daß ausgerechnet eine unserer notwendigsten und produktivsten Funktionen sich gegenteilig auswirken kann ... Wir stehen vor dem erschreckenden Paradox, daß des Menschen größte Feinde seine Hausgenossen sind (Mt 10,36)“ (S. 50).
Dies geschieht, wenn die notwendige Identifikation mit den Beziehungspersonen sich im Übermaß ereignet oder zu einer Daueridentifikation wird. Dann verwandelt sich ihre aufbauende Kraft ins Gegenteil und wird „zur Destruktionskraft“: „das Ideal wird zur grande passion und erfaßt den ganzen Menschen, nimmt sein Innerstes in Beschlag und will alle seine Kräfte fast ausschließlich beanspruchen. Damit aber zeichnet sich bereits die große Gefahr ab, daß das Ideal ein Terrorsystem errichtet, einen tyrannischen Druck ausübt, es kommt zur Überidentifizierung ...“ (S. 53).
Und weiter: „Der klassische Fall einer schädlichen Daueridentifizierung wird uns aber immer dort begegnen, wo es um die Uridentifikation geht, um die Elternbindung“ (S. 54).
Tatsächlich gewinnen die Eltern, besonders die Mutter im Stadium der „primären Liebe“ (Balint), die Qualität Gottes in dem Sinne, daß das Kind in allem auf die Mutter angewiesen und von ihr abhängig ist. Durch dieses Mutter-(Vater-)Gottesbild kann der Zugang zum echten „archetypischen“ Gottesbild versperrt werden:
„Alle bewußt aufgenommenen Aussagen, daß Gott ein ganz anderer sei als der aus dem Vater- oder Mutterbild entstandene, sind zunächst wirkungslos gegenüber dem im Unbewußten verwurzelten Erlebnisbild der frühen Kinderjahre.“ Das Gottesbild der Bibel „kann nicht angenommen werden, wo immer und solange die Erfahrungsgrundlage ihm zuwider ist, ehe daß das Pseudo-Gottesbild (von den Eltern her) beiseite geschoben, entmachtet und damit der Zugang zum immanenten archetypischen Gottesbild frei geworden ist“ (Friedrich E. Freiherr von Gagern, Der Mensch als Bild, S. 20).
Angesichts der hier dargestellten Zusammenhänge wird deutlich, daß es beim therapeutischen Prozeß der Psalmen wirklich um eine Entmachtung der inneren Götter geht. Die tragische

Verwechslung Gottes mit dem Ideal-Ich oder Über-Ich versperrt vielen Menschen den Zugang zum Glauben.

Die Verinnerlichung der Eltern findet in dem Abschnitt der frühen Kindheit statt, den Freud die „ödipale Phase" nannte. Es ist die Zeit, in der das Kind lernen muß, daß sich ein „Dritter", der Vater, in die vertraute Zweierbeziehung zur Mutter drängt und daß es gilt, ein Einzelner zu werden und sein Leben in selbstgewählten Beziehungen zu gestalten, für die ich dann selbst verantwortlich bin. Den Verzicht, der damit verbunden ist, will und kann das Kind aber noch nicht leisten. Deshalb nimmt es, vereinfachend gesprochen, die Mutter in sich auf, errichtet ihr sozusagen im Herzen einen Thron, auf den sie wie eine Göttin gesetzt wird. So bleibt sie die Instanz, die mir sagt, was ich tun und lassen muß, um ein liebens-werter Mensch zu sein. Ich versuche also, dem Bild (Ideal) gerecht zu werden, was die Mutter schon immer vor mich hingestellt hat. Wenn ich diese Verhaltensweisen zeige, bin ich akzeptiert.

Zugleich nehme ich mit der Mutter auch den Ankläger, Richter und die Strafvollzugsinstanz in mich auf. Denn sie war ja auch schon diejenige, welche meine Unarten bestrafte und mich mit Blick und Tat schmerzlich spüren ließ, wenn ich nicht so war, wie ein „braves Kind" zu sein hat. Vielleicht übernahm auch schon sehr früh der Vater diese Richter- und Strafgewalt.

Wenn es dem Kind nicht gelingt, den Vater von der Mutter abzudrängen, weil er stärker und mächtiger ist als das Kind, dann identifiziert es sich mit ihm und hat so an seiner Macht teil, die zugleich fasziniert und Angst macht.

So bildet sich jene Instanz, die mit dem Ich-Ideal engstens zusammenhängt, aber doch von ihm unterschieden werden kann: das *Über-Ich.* Dieses Über-Ich stellt also die unbedingte Autorität dar, die über die Einhaltung der Gesetze und Normen wacht und deren Ausführung rigoros einfordert.

Während ich die vom Ich-Ideal geforderten Eigenschaften bewußt zu leben (oder wenigstens vorzutäuschen) suche, bleibt mir meist verborgen, daß die Mutter dahintersteht. Die Instanz des Über-Ichs haben wir oft früh als „Gewissen" gedeutet bekommen, durch das Gott uns seinen Willen kundtue. Daß diese

Stimme die der richtenden und strafenden Eltern ist, wollen wir nicht wahrhaben.

8.2.2. *Die Tyrannei des „Feindes"*

Die Psalmen zeigen uns, in welchem Maß wir deshalb Machtlüsternheit und Gewalttätigkeit auf andere projizieren, weil unser Ich das christliche Ideal der Demut verinnerlicht hat. Wir halten uns für demütig, und nach außen hin gelingt es meistens auch, so zu erscheinen. Nicht selten haben wir dabei eine von der Mutter gelebte „Tugend" übernommen, da Demut und „Friedfertigkeit" zum Idealbild einer christlich-frommen Frau gehörten. Verdrängt aber wurden die Faszination von der Macht des Vaters und der mit ihr gleichzeitig einhergehende Haß auf eine solche uns demütigende Überlegenheit.

Es gehört mit zu den erschreckendsten Wahrheiten, wenn wir mit unserer heimlich-verheimlichten Macht-lust und tiefen Haßgefühlen konfrontiert werden. Dies kann in plötzlichen „Durchbrüchen" bei scheinbar geringfügigem Anlaß geschehen. Wir können aber auch die Projektionen auf den anderen zurücknehmen und uns fragen: „Erweckt nicht auch in mir die Phantasie, eine(n) andere(n) total zu beherrschen und meinen Willen aufzuzwingen, ein eigentümliches, faszinierendes Lustgefühl?"

„Hätte nicht auch ich manchmal Lust, einfach so reinzuschlagen, wenn andere mich ärgern, und ihnen mehrfach heimzuzahlen, was sie mir angetan haben?"

Wagen wir, diese in uns sitzende seelische Instanz des Über-Ichs anzuschauen:

„... stolze *Menschen, freche Leute.*" (Ps 54,5)
„Mein Gott, rette mich aus der Hand des Frevlers,
aus der Faust des Bedrückers *und Schurken!*" (Ps 71,4)
„... Menschen stellen mir nach;
meine Feinde bedrängen mich *Tag für Tag.*
Täglich stellen meine Gegner mir nach;
ja es sind viele, die mich voll Hochmut *bekämpfen ...*
Sie lauern und spähen und beobachten genau meine Schritte,
denn sie trachten mir nach dem Leben ..." (Ps 56,2.3.7)

„Den ganzen Tag schmähen mich *meine Feinde.“* (Ps 102,9)

„Herr, sieh doch, wie sie mich hassen!“ (Ps 9,14)
„Er entriß mich meinen mächtigen *Feinden,*
die stärker waren als ich *und mich haßten.*
Sie überfielen mich am Tag meines Unheils ...“ (Ps 18,18–19)
„Die mich ohne Grund befehden, sind stark;
viele hassen mich wegen nichts ...“ (Ps 38,20)
„Im Haß gegen mich sind sich alle einig;
sie tuscheln über mich und sinnen auf Unheil:
‚Verderben hat sich über ihn ergossen;
wer einmal daliegt, steht nicht mehr auf.“ (Ps 41,8–9)

Die deutlichen Übertreibungen („*jeden* Tag“; „*alle*“) zeigen, daß es sich um massive Projektionen eines Menschen handelt, dessen Verdrängung so weit geht, daß er an Verfolgungswahn leidet. Dazu kommen im letztzitierten Vers Selbsteinreden, die der Depressive als Ausdruck tiefster Hoffnungslosigkeit kennt. Selbsttötungsimpulse sind dabei nicht selten.
Der innere Despot verfolgt mich wie ein Löwe (Ps 7,2–3; 17,11–12); er will mich überwältigen (Ps 13,3.5; 25,2). Er ist ein Mann der Gewalt, der sich seiner Bosheit rühmt (Ps 52,3–5). Vor allem aber: Er scheut vor Gewalt und Terror nicht zurück:

„Sein Mund ist voll Fluch und Trug und Gewalttat,
auf seiner Zunge sind Verderben und Unheil.
Er liegt auf der Lauer in den Gehöften
und will den Schuldlosen ermorden; ...
Er lauert im Versteck wie ein Löwe im Dickicht,
er lauert darauf, den Armen zu fangen;
er fängt den Armen und zieht ihn in sein Netz.
Er duckt sich und kauert sich nieder,
seine Übermacht bringt die Schwachen zu Fall ...“ (Ps 10,7–10)

Tatsächlich fühlt sich der Depressive unter der Despotie des tyrannischen Über-Ichs gefangen wie in einem Netz, der Übermacht hilflos und schwach ausgeliefert. Er beteuert vor sich (und dem Therapeuten) seine Unschuld und spürt doch, daß er dem Schuldspruch und der Verurteilung nicht entrinnen kann:

„Also hielt ich mein Herz rein
und wusch meine Hände in Unschuld.
Und doch war ich alle Tage geplagt
und wurde jeden Morgen gezüchtigt.
Mein Herz war verbittert,
mir bohrte der Schmerz in den Nieren;
ich war töricht und ohne Verstand,
war wie ein Stück Vieh vor dir ...“ (Ps 73,13.14.21–22)

Es gibt unter den älteren Menschen nicht wenige, die bei der Lektüre dieser Verse sich sehr genau daran erinnern können, von ihrer Mutter oder ihrem Vater zwar nicht jeden Morgen, aber doch ziemlich regelmäßig gezüchtigt worden zu sein. Die demütigende Zeremonie, das Gesäß entblößen oder sich sogar ganz ausziehen zu müssen, bevor sie mit Stock oder Riemen geschlagen wurden, ist ihnen unauslöschlich eingebrannt. Und ebenso wissen sie um die Verbitterung des Herzens und den bohrenden Schmerz des unterdrückten Hasses.

Dies ist lange vorbei. Aber im Inneren wird die Peitsche weitergeschwungen und „jeden Morgen gezüchtigt“.

Der Tiefenpsychologe W. Daim hat in einem bereits 1954 erschienenen Buch (Tiefenpsychologie und Erlösung) Zeichnungen von Klienten veröffentlicht, die das Gefühl, von den verinnerlichten Eltern zu einem Nichts zerdrückt zu werden, beeindruckend darstellen. In seinen Kommentaren zu diesen Bildern weist er auch auf die göttlichen Attribute hin, die dieser Herrscherfigur gegeben werden. Davon wird weiter unten noch die Rede sein.

Für den interessierten Leser sind einige Bilder von Daim abgedruckt.

Die Psalmen greifen immer wieder das Bild auf, daß der Mensch wie ein Tier gefangen ist (vgl. Ps 73,22), in einem Netz oder in einer Grube (Ps 9,16f; 35,7f, 140,6). Vergleiche aus dem Orient zeigen, daß das Netz einen „Bann“ bedeutet und dem Bereich der Magie zugehört. Es ist eine Waffe der Götter. Auch von Gott wird im Alten Testament ausgesagt, daß er den Menschen im Netz fängt (Ez 17,20).

Abbildung 1

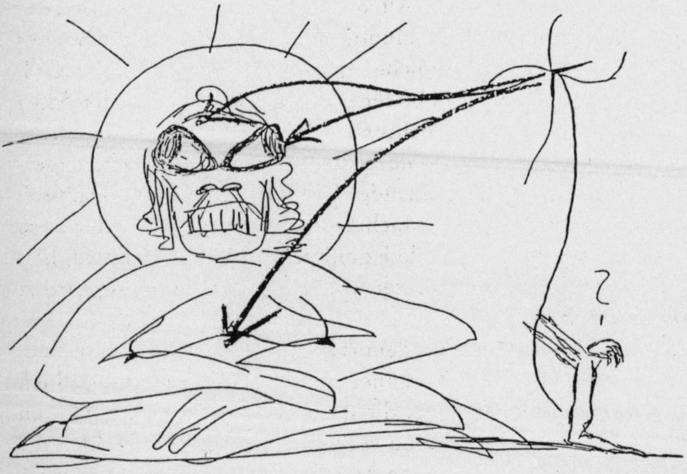

Abbildung 2

Abbildung 3

Auch hier ist also bereits die Götzenhaftigkeit der Feinde bzw. des Über-Ichs greifbar. Oft werden die „Feinde" mit gefährlichen Tieren verglichen: mit dem Löwen (13mal; z.B. 7,3; 10,9; 17,12; 22,14), der Schlange (6mal; z.B. 58,5; 91,13; 140,4), dem Hund (4mal; 22,17.21; 59,7.15) und dem Stier (2mal; 22,13.22). Tiere waren im Alten Orient Erscheinungsweisen der Dämonen, besonders die Hunde. Diese Tiermetaphern weisen auf die „brutale und tödliche Art der Feindschaft hin" (Keel, Feinde, S. 204). Dabei steht der Löwe für die Gier und den Stolz des inneren Tyrannen, während Schlange und Stier die „tierische Triebhaftigkeit, die sie anstelle eines menschlichen Herzens beherrscht" (Keel, Feinde, S. 206), bezeichnen. Dadurch wird der Lustaspekt der Machtausübung aufgedeckt, der auch eine oft übersehene sexuelle Komponente (Bild des Stieres) hat. Bei der bereits oben erwähnten körperlichen Züchtigung wird er indessen sehr klar sichtbar.

Schonungslos offenbaren demnach die Bilder der Psalmisten, welcher Art die innere Tyrannei ist, die darüber wacht, daß ich die Normen nicht verletze, die das Ich-Ideal auferlegt hat, um die Liebe der Eltern nicht zu verlieren. Und doch enthüllen die Psalmen noch einen weiteren Aspekt des Über-Ichs: seine angemaßte Gottgleichheit.

8.2.3 Die inneren Götzen

Die verinnerlichten Instanzen haben nicht nur ein Terrorsystem errichtet, das alle Verstöße gegen die Idealnorm gnadenlos ahndet. Sie haben die Stelle Gottes angetreten.
Wie war das möglich?
Wir sahen bereits, daß die Eltern für das kleine Kind „Götter" sind. Die Macht der Eltern macht nicht nur Angst, sondern sie fasziniert auch in großem Maße. Auf die Mutter und den Vater fällt „numinoses Streulicht" (H. Böhringer), insofern sie als archetypische Bilder tief in der Seele des Menschen eingegraben sind, längst bevor diese Bilder mit „Fleisch und Blut", also konkreter Eltern-erfahrung, gefüllt sind. C. G. Jung schreibt dazu: „Die Imago (= Bild, d. V.) entsteht aus den Einwirkungen der Eltern und aus den spezifischen Reaktionen des Kindes, sie ist daher ein das Objekt nur sehr bedingt wiedergebendes Bild. Der naive Mensch ist natürlich des Glaubens, daß die Eltern so sind, wie er sie sieht. Das Bild ist unbewußt projiziert, und wenn die Eltern sterben, so wirkt das projizierte Bild weiter, wie wenn es ein an und für sich existierender Geist wäre. Der Primitive spricht dann von Elterngeistern ..., der Moderne aber nennt dies Vater- oder Mutterkomplex" (Die Beziehungen, S. 79/80).
Die Jung-Schülerin Marie-Louise von Franz zeigt in ihrem bereits genannten Buch „Spiegelungen der Seele", daß die Götter- und Dämonenwelt der Religionen Projektionen der Elternarchetypen sind, die numinose Wirkungen auf das Ich des Menschen haben: „Die Vater- und Muttergottheiten aller Religionen stehen heute z. B. oft hinter einer unauffälligen Vater- und Mutterbildprojektion und geben den Elternimagines eine völlig unangebrachte Macht über den Einzelnen" (a. a. O., S. 24).
Die Psalmen wissen sehr wohl darum, daß die angemaßte Gottgleichheit des „Feindes" für das Wirken Gottes (Jahwes) keinen Platz läßt. Folgerichtig schildern sie deshalb die Feinde als „Gottlose", das heißt aber: sie verleihen unserer eigenen Gottlosigkeit (als Folge der inneren „Götter") sinnenhaften Ausdruck:

„In seinem Hochmut quält der Frevler die Armen ...
Überheblich sagt der Frevler:
‚Gott straft nicht. Es gibt keinen Gott' ...

In jeder Zeit glückt ihm sein Tun.
Hoch droben und fern von sich wähnt er deine Gerichte.
All seine Gegner faucht er an.
Er sagt in seinem Herzen: ‚Ich werde niemals wanken.
Von Geschlecht zu Geschlecht trifft mich kein Unglück' ...“
(Ps 10,1.4–6)

Zwar quält er uns; aber wir bewundern ihn auch. Seine unbeschränkte Macht fasziniert. Dieser innere Herrscher verbreitet numinosen Schrecken, obwohl er doch nur ein Mensch ist (Ps 10,18).

„Die Tyrannen sagen in ihrem Herzen:
‚Es gibt keinen Gott'“ (Ps 14,1, vgl. Ps 53,2)

Die gängige Übersetzung „die Toren sagen ...“ ist, wie Keel (Feinde, S. 175) gezeigt hat, falsch. Die Gottlosigkeit des eigenen Herzens (!) ist eine Folge der inneren Gewaltherrschaft, die der Mensch aufrichtet, weil er die Sicherheit von seiten der Eltern nicht verlieren will. Der Beter der Psalmen weiß keinen anderen Weg, als einen Mächtigeren gegen diese „Gottlosen“ zur Hilfe zu rufen:

„Wohl habe ich gesagt: Ihr seid Götter ...
Doch nun sollt ihr sterben wie Menschen,
sollt stürzen wie jeder der Fürsten ...“ (Ps 82,6–7)

Tatsächlich müssen zuerst die inneren Götzen entmachtet werden, bevor der wahre Gott im Herzen des Menschen Platz finden kann. Die Bibel weiß darum nicht nur in den Psalmen, sondern diese Erkenntnis durchzieht ihre ganze Geschichtsdeutung. Davon wird im nächsten Kapitel die Rede sein.
Die Erkenntnis, nicht dem wahren Gott, sondern einem Götzen zu dienen, stößt auf unseren erbitterten Widerstand. Alles lassen wir uns sagen, aber nicht, daß wir im Herzen gottlos sind.
Eine Frau, die vor einigen Jahren ihren Mann verloren hat, schildert ihre Ehe: Neben einem vollkommenen Mann, einem wahren „Über-Menschen“, lebte sie als eine kleine, nichtsnutzige, unfähige Frau, die täglich dankbar sein muß, daß er sie „genommen hat“. Unvermittelt kommt sie auf den Vater, der sehr streng war: ihn hat sie „ver-

göttlicht", zusammen mit dem Dekan. Dieser innere Vater (Ehemann) sagt ihr noch heute: „Nur wenn du absolut selbstlos bist, dich völlig auf-gibst für andere, bist du wert, nach mir weiterzuleben."

In der Abbildung 1 (S. 72) aus dem Buch von W. Daim (Tiefenpsychologie und Erlösung) heißt es im Protokoll des Analysanden: „Auf vielen Stufen nähere ich mich meiner Mutter, die gleichzeitig göttliche Allmacht besitzt. Sie ist ungnädig, sie zürnt wie Jehova über den Ungehorsam des Sünders; ich suche demütig, ihre Gunst wieder zu erlangen, ihre Verzeihung zu erreichen." Oder zu Abbildung 3 schreibt er: „Die gottähnliche Mutter wirft den Strahl ihres Auges ständig auf mich, sie besitzt die Eigenschaft der Allwissenheit und Allgegenwart, sie erkennt sofort einen etwaigen Sündenfall meinerseits" (Daim, a.a.O., S. 70–71).

Nur, wenn wir uns vor Augen führen, daß die Eltern für das kleine Kind Götter sind und daß das Kind diese „Schutzgeister" nicht verlieren will, verstehen wir, warum diese verinnerlichten Instanzen solche Macht haben können. Das häufige Krankheitsbild der Depression legt davon beredtes Zeugnis ab: Jeder kleinste Versuch, Ich zu sein, mündet in schwere Angst- und Schuldzustände. Diese Selbständigkeit, dieses Aufbegehren gegen ihren heiligen Willen wird die Mutter nicht hinnehmen.

Und doch ist der geschilderte Zusammenhang erst die halbe Wahrheit. Denn es wäre unmöglich, daß sich eine solche Macht in unserem Herzen festsetzen könnte, wenn wir diese Macht nicht wollten. Jeder Mensch will die Machtlust genießen, um damit ein Defizit an Liebe zu kompensieren. Nach dem Geliebtwerden ist die Macht die stärkste Lust für den Menschen, der nach Selbstbestätigung sucht. Bei Christen wird dieses Machtstreben gerne hinter einer Maske der „Demut" versteckt und statt nach außen nach innen ausgeübt. Im eigenen Haus bin ich dann uneingeschränkter Herr, der keinen anderen über sich duldet. Die geschilderten psychodynamischen Vorgänge der Verinnerlichung der Eltern bieten gleichsam die Bausteine an, aus denen der innere Machtbereich gebaut wird.

In der Krise, zum Beispiel in der Depression oder der Psychose, wird dann dieser Anteil unserer Person wie eine fremde, knechtende Macht erlebt, weil wir dann „vergessen“ haben, daß wir selbst diesen Herrscher auf den Thron setzen. Es handelt sich um einen Machthaber, der uns alleine seine Gewalt verdankt und der es uns, oft sehr lange, ermöglicht, unsere Schwäche und Ohnmacht, besonders aber den Schmerz, nicht als der, der wir sind, geliebt zu werden, ertragen zu lassen.

8.3 Die Eigenschaften der Feinde als „Schatten“

Machtgier und Götzenhaftigkeit der verinnerlichten Instanzen sind uns zunächst nicht bewußt. Sie gehören zu den verdrängten Anteilen der Seele, zu dem, was vor unserem bewußten Ich-Bild nicht sein darf. Das gilt in besonderem Maße von der Gottlosigkeit, von der die Psalmen sprechen. Jene dort immer wieder mit Erschrecken und heimlichem Schauer namhaft gemachten „Gottlosen“ als eigene Persönlichkeitsanteile wahr-zu-nehmen, fällt dem Christen besonders schwer. Hat er doch gelernt, daß Seinwollen wie Gott und Auflehnung gegen ihn die „Ursünde“ schlechthin ist. Und doch bilden absolutes Machtstreben und angemaßte Göttlichkeit einen wesentlichen Bestandteil des Schattens, der im Hintergrund der ans Licht getragenen „Persona“ (= Maske) steht, die sich mit Demut und Frömmigkeit ziert.

8.3.1 Lügenhaftigkeit und Falschheit

„Aus ihrem Mund kommt kein wahres Wort,
ihr Inneres ist voll Verderben.
Ihre Kehle ist ein offenes Grab,
aalglatt ist ihre Zunge …“ (Ps 5,10; vgl. 5,7)

Neben den oben genannten und ausführlicher besprochenen „Qualitäten“ der Feinde kehrt der Vorwurf, sie seien falsch und verlogen, in den Psalmen immer wieder.
Diese Projektion ist uns aus dem Alltagsleben ja vertraut. Dabei enthüllen die Psalmisten vor allem zwei Aspekte der Lüge: einmal ihre ver-nichtende und sodann ihre dia-bolische, also ihre

„durcheinanderwerfende“ Wirkung. Im Munde Jesu lautet diese menschliche Eigenschaft:
„Ihr habt den Teufel (= Diabolos) zum Vater ...“ (Joh 8,44).

„Unter den Menschen gibt es keine Treue mehr.
Sie lügen einander an, einer den anderen,
mit falscher Zunge und zwiespältigem Herzen reden sie ...“
(Ps 12,2–3)
„Besucht mich jemand,
so kommen seine Worte aus falschem Herzen.
Er häuft in sich Bosheit an,
dann geht er hinaus und redet ...“ (Ps 41,7)
„Sie verdrehen meine Worte den ganzen Tag;
auf mein Verderben geht ihr ganzes Sinnen ...“ (Ps 58,6)

Das Wort gilt nicht mehr, darauf kann niemand bauen. Freundlichkeit ist Schmeichelei und die wahren Absichten bleiben verborgen.
Dazu kommt aber nun doch die Aggressivität der Zunge, die während der lügenhaften Rede zum Mordinstrument werden kann:

„Du Ränkeschmied, du planst Verderben;
deine Zunge gleicht einem scharfen Messer.
Du liebst das Böse mehr als das Gute
und Lüge mehr als wahrhaftige Rede ...“ (Ps 52,4–5)
„Glatt wie Butter sind seine Reden,
doch in seinem Herzen sinnt er auf Streit;
seine Worte sind linder als Öl
und sind doch gezückte Schwerter ...“
(Ps 55,22; vgl. Ps 57,5; 59,8)
„Sie schärfen ihre Zunge wie ein Schwert,
schießen giftige Worte wie Pfeile ...“ (Ps 64,4)

Welches ernüchternd-anschauliche Bild vom Menschen, der den Verwirrer zum Vater hat, stellen uns die Psalmisten vor Augen. Wage ich, in diesen Spiegel zu schauen?

8.3.2 Mißtrauen

Wenn Menschen so schon immer miteinander umgehen, wundert es nicht, daß Mißtrauen zu einer Flechte heranwächst, die das Herz umspannt und mit der Zeit alle anderen Gefühle erstickt. Daß es ein Mensch einfach nicht schafft, den Panzer des Mißtrauens ein Stück weit zu sprengen und anzunehmen, daß es jemand gut mit ihm meint, gehört zu den schmerzlichsten Erfahrungen einer Therapie. Da genügt oft eine „Kleinigkeit", um vorsichtig keimende Versuche des Sichöffnens sofort wieder zu ersticken. In dieses Mißtrauen wird auch Gott mit einbezogen:

„Wie ein Stechen in meinen Gliedern,
ist für mich der Hohn der Bedränger;
denn sie rufen mir ständig zu:
‚Wo ist nur dein Gott?'" (Ps 42,10–11)

Es ist nicht ein gelegentliches Aufblitzen eines Zweifels. Nein, ein ständiges, das heißt: zu mir gehörendes „Rufen" in mir, mit höhnischem Unterton: Wo ist denn Gott eigentlich? Diese inneren Bedränger sind schon „somatisiert", stecken mir wie Rheuma in den Gliedern.

Das ist so, weil dieses Mißtrauen zum Wurzelgrund unseres Menschseins gehört: „Die Geschichte der Menschheit, also auch unsere eigene Vorgeschichte, ist geradezu geprägt von einem Erbmißtrauen, das dämonischen Ursprungs ist", schreibt Heribert Mühlen (Einübung in die christliche Grunderfahrung I, S. 63). In den Fragen der Frevler und Feinde der Psalmen sind wir deshalb mit der Abgründigkeit des eigenen Herzens konfrontiert. Ein ganzer Chor ruft mir zu und will mein Vertrauen untergraben:

„Viele gibt es, die von mir sagen:
Er findet keine Hilfe bei Gott ..." (Ps 3,3)

8.3.3 Verleugnete Sexualität

Aber nicht nur aufdringliche Stimmen melden sich aus dem „Schatten". Auch gefährliche Tiere bevölkern ihn:

„Viele Stiere umgeben mich,
Büffel von Baschan umringen mich.
Sie sperren gegen mich ihren Rachen auf,
reißende, brüllende Löwen ..." (Ps 22,13–14)

Im Bild des Stieres, des Gottes der Fruchtbarkeit, kommt treffend die numinose Macht der Sexualität zum Ausdruck. Das hebräische Wort für „Stier" leitet sich vom Verb „ungebändigt sein" her (Keel, Feinde, S. 72–73).

Verdrängte Sexualität ist auch heute, da man angeblich so freizügig damit umgeht, eine Hauptquelle neurotischer Persönlichkeitsentwicklung. „Es will scheinen", schreibt dazu die Tiefenpsychologin Johanna Herzog-Dürck, „daß die unüberblickbar große Zahl der Nöte und Irrungen, der falschen Lösungen der existentiellen Aufgabe, die die Grundbedingung des Geschlechtes den Menschen stellt, das Hauptthema des neurotischen Unglücklichseins bildet" (Die Arbeit der Seele, S. 20).

Die Zumutung an den Menschen, sein Lebensglück als Frau oder Mann, also in unbedingter Angewiesenheit auf den anderen, suchen zu müssen, ist offensichtlich durch vermehrte „Auflehnung" und Sexkonsum nicht aus der Welt zu schaffen.

Darauf näher einzugehen, ist hier nicht der Raum. Nicht unerwähnt kann aber an dieser Stelle bleiben, daß die untergründige Triebfeindlichkeit, die Verteufelung der „Begierde" – wovon wohlgemerkt gerade auch das „Ausleben" sexueller Strebung zeugt! – auch jüdisch-christliches Erbe ist. Seit Augustinus wurde „Sünde" weitgehend mit sexueller Begierde gleichgesetzt und dadurch der Verdrängung als Voraussetzung von Gottgefälligkeit die dogmatische Grundlage geliefert.

Daß schon der alttestamentliche Mensch, also auch die Psalmisten, im Dienste der Jahweverehrung das Triebhaft-Sexuelle als Abfall von Gott (Jahwe) eingeschärft bekam, ergibt sich bereits aus der Tatsache, daß der Jahweglauben sich gegen die Baalskulte durchsetzen mußte, in denen das Erlebnis orgiastischer Sexualität eine große Rolle spielte. Dieses jahrtausendelange Erbe tragen wir heute mit uns herum, so daß wir weithin unfähig geworden sind, die „Schöpfungswonne" der Sexualität zu er-leben, und diese deshalb zum Schatten und damit zum Herrschaftsbereich des inneren Machthabers gehört. Unzählige Menschen sind nur unter den verachtenden Augen der inneren Mutter (Eltern) fähig, sexuelle Triebregungen zuzulassen: „Die Perversion und die Zwänge inszenieren immer wieder das gleiche Drama: Nur unter der Voraussetzung einer entsetzten Mutter ist die Triebbefriedigung möglich ..." (Alice Miller, Das Drama, S. 142). Sexuelle Regung gefährdet das Ideal-Ich, das eine solche „primitive" Seite nicht anerkennen will und der christlich-moralischen Integrität wegen nicht darf.

Die Stierhaftigkeit des „Feindes", von der zum Beispiel der zitierte Psalm 22 so farbig spricht, deckt auch in diesem Bereich unsere Lebenslüge auf, wenn wir bereit sind, den Stier als Teil unseres Menschseins zu begreifen und – anzunehmen.

9. Die Auseinandersetzung mit den Feinden

Es wird gut sein, an dieser Stelle einen Moment innezuhalten und den Prozeß der Entmachtung noch einmal zu überblicken, bevor wir den letzten Schritt besprechen: Der therapeutische Prozeß beginnt damit, daß der Mensch „vor Jahwe“ steht und den Blick auf Ihn richtet. Dieses Hintreten ermöglicht uns, in die völlige Abhängigkeit zurückzukehren, welche die Situation des alttestamentlichen Beters innerhalb seiner Welt war und die wir als kleine Kinder unseren Eltern gegenüber erlebten. Diese Regression auf das „archaische Ich“, wie wir es mit *Keel* nannten, ermöglichte uns die Identifikation mit dem Psalmisten. Sie ist der Beginn eines Heilungsprozesses, weil wir uns in unserer Kleinheit und Angst von Gott gehalten wissen dürfen.

Mit den Psalmisten können wir unseren Gefühlen der Ohnmacht gegenüber den „Feinden“ Raum geben und ihre Machenschaften als unseren „Schatten“ erkennen, wenn wir die Projektion auf die anderen zurücknehmen. Die Erkenntnis, wie es wirklich um uns steht, wer tatsächlich in unserem Denken und Fühlen das Sagen hat und dadurch als Lebens-macht herrscht, ist von entscheidender Bedeutung.

Die Schwierigkeiten und enormen Widerstände, die sich dieser Erkenntnis in den Weg schieben, können kaum überschätzt werden. Denn tatsächlich, so sahen wir, beanspruchen die inneren Mächte Gottgleichheit und völlige Unterwerfung. Da ihre Herrschaft aber wesentlich darauf beruht, daß sie nicht als solche erkannt wird, kann allein schon der Gedanke, sich diese „Götter“ zu vergegenwärtigen, massive Angstgefühle auslösen.

Eine Klientin, die daran arbeitet, mit ihren eigenen *Wünschen und Gefühlen in Kontakt zu kommen, beginnt die Stunde mit dem Satz: „Zuerst müssen Sie die Eltern wegschicken!“ Auf die Frage, was die*

Mutter zu ihr sagt, gibt sie nach einiger Bedenkzeit eine mit „vielleicht" eingeleitete indirekte Auskunft. Der Vorschlag, die Mutter direkt sprechen zu lassen, ihr sozusagen die Stimme zu leihen, löst erschrockenes Kopfschütteln, Bauchschmerzen und Beklemmungsgefühle in der Brust aus. Es entringt sich ihr ein „Das kann ich nicht!"
Als Klient(in) und als Therapeut(in) stehen wir immer wieder kopfschüttelnd oder betroffen vor der Tatsache, daß wir die Macht der inneren Götter in der Regel unterschätzen. Erst wenn wir spüren, daß wir manches wie zwanghaft (oder wirklich zwanghaft) tun, dem wir bewußt nicht zustimmen, das uns aber mit unwiderstehlicher Gewalt fortzieht, geht uns auf, welche Bastionen der Macht die verinnerlichten Götzen errichtet haben.
Viele Rückschläge in der Therapie resultieren aus der Unterschätzung dieser Machtfülle und dem Ausmaß der eigenen Gefangenschaft. Die Psalmen sind von der Überzeugung getragen, daß der Mensch alleine unfähig ist, diese Macht zu brechen:

„Nichts nützen die Rosse zum Sieg,
mit all ihrer Kraft können sie niemanden retten."
(Ps 33,17; vgl. Ps 32,9; 30,8ff)

Und dennoch sehen nicht nur die Psalmen, sondern das Alte Testament überhaupt den Menschen vor die grundsätzliche Alternative gestellt, Gott oder den Göttern zu dienen. Es gilt, den Götzen mit Hilfe Gottes zu vernichten und den Machtwechsel zu vollziehen:

„Du wirst mich befreien aus dem Netz,
das sie mir heimlich legten;
denn du bist meine Zuflucht.
In deine Hände lege ich voll Vertrauen
meinen Geist ..." (Ps 31,5–6)

9.1 Gott oder Götter

9.1.1 Im Bann der Götter

Wir haben die „Feinde“ als Projektionen unseres Ich-Ideals und des Schattens erkannt. Dabei haben wir die Aussagen der Psalmen bisher ausgespart, die dem christlichen Beter heute oft besondere Schwierigkeiten bereiten. Gemeint sind deutlich ausgesprochene Wünsche um Bestrafung, ja Vernichtung der Feinde durch Jahwe. Davon wird weiter unten ausführlicher die Rede sein.

Hier geht es vorerst nur einmal darum, zu klären, welchen Stellenwert der Vernichtungswillen gegen die Feinde, der im Alten Testament als Gebot Jahwes dargestellt wird, im therapeutischen Prozeß hat. Handelt es sich nur um ein Gottesbild, das durch Jesus Christus und das Gebot der Feindesliebe grundsätzlich überholt ist? Gilt es demnach, Ich-Ideal und Schatten liebend anzunehmen, und ist der therapeutische Prozeß dann zu seinem Ziel gekommen?

Im letzten Kapitel werden uns diese Fragen beschäftigen, und es wird hoffentlich deutlich werden, daß die endgültige Ver*nicht*ung dieser versklavenden Mächte tatsächlich nur möglich ist, wenn sie in den Lebensprozeß integriert werden. Es kann nicht darum gehen, sie auszulöschen und verschwinden zu lassen. So verstanden ist die Aufforderung, die Feinde (Götzen) zu vernichten, tatsächlich „überholt“. Der Gott Jesu befiehlt, weder Menschen zu töten noch „negative“ Gefühle oder Eigenschaften immer zu bekämpfen und auszurotten.

Und dennoch würden wir uns die Sache zu einfach machen, wenn wir den heiligen Krieg Israels, die Verfluchungen der Psalmisten und das Pauluswort vom Kampf nicht gegen Fleisch und Blut, sondern gegen Mächte und Gestalten (Eph 6,12) mit dem Hinweis abtäten, dies alles sei durch Christus überholt. Denn auch von ihm wird gesagt, daß er der war, der den Tod als „letzten Feind“ Gott unterworfen hat, indem er ihn vernichtete (vgl. 1 Kor 15,24–28).

Es geht also offensichtlich darum, zu erkennen, was genau dabei im Blick ist, wenn von Vernichtung die Rede ist, ohne die Erlösung und Befreiung nicht geschehen kann. Im psychotherapeutischen Prozeß kann nicht einfach übersprungen werden, daß sich an das verinnerlichte Ich-Ideal und die verdrängten Schattenanteile ein Machtanspruch geheftet hat, der mit seiner eigentümlichen Faszinationskraft das Glücksverlangen und Sinnstreben des Menschen in seinen Bann zieht.

Wir können zwei Aspekte dieser Macht unterscheiden: Sie üben Herrschaft aus und spenden Geborgenheit. In der Geschichte der Religionen erscheinen sie uns als Vater- und Muttergottheiten.

C. G. Jung sah diese Bannkraft an die „Archetypen" (Urbilder) von Vater und Mutter in der menschlichen Psyche gebunden.

Erst auf dem Hintergrund dieser Einsicht können wir Israels Kampf gegen alle Feinde und ihre Götter verstehen. An sie heftet sich das Grundverlangen des Menschen nach Ordnung, um nicht im Chaos zu versinken und nach Zugehörigkeit, um nicht vom Leben abgeschnitten zu sein und als sinnloses Treibgut zu verrotten.

Die Religionsgeschichte gibt auf eindrucksvolle Weise Zeugnis davon, wie der Mensch die Angst vor dem Chaos dadurch zu bannen sucht, daß er alle Macht in der Person des höchsten Gottes vereinigte, den er zum Garanten von Recht und Ordnung machte, und wie er durch vielerlei Riten Anteil zu gewinnen versuchte an der gebend-nährenden Lebenskraft der Mutter Erde (Natur). Darauf kann hier leider nicht ausführlicher eingegangen werden und muß auf entsprechende Literatur verwiesen werden (vgl. etwa: Mircea Eliade). Aber es ist beeindruckend, wahrzunehmen, wie der Mensch die inneren Machthaber in den Göttergestalten eines Varuna Gestalt gewinnen läßt, dem gegenüber sich die Menschen wie Sklaven fühlen und der bindet; oder in den Versen Homers den Zeus-Vater (lat. Ju-piter) als absoluten Despoten beschrieben zu finden (Ilias, VIII. Gesang). Warum faszinieren auch heute noch wie zu allen Zeiten die Kulte der „Großen Mutter" oder der Mondgöttin, an deren Schicksal Leben und Sterben, neue Geburt und Auferstehung, Fruchtbarkeit (Schwangerschaft) und Wandel abgelesen werden können? Und ist nicht dieselbe Göttin auch die, welche das Schicksalsnetz mit unsichtbaren Fäden webt, dem der Mensch nicht entgehen kann? Auch die Psalmisten sprechen vom Netz, das die Feinde legen, und in den Zeichnungen von Klienten kehrt es wieder, um ihre Situation besser als mit vielen Worten zum Ausdruck zu bringen. Diesen Göttern zu entrinnen und Mensch zu werden, weiß die Bibel nur einen Weg: Gott zu bekennen.

9.1.2 Der „heilige Krieg"

Aus tiefenpsychologischer Sicht hat deshalb der rigorose Ausrottungsbefehl in den mit Jahwes Hilfe und auf seinen Befehl hin geführten Kriegen, die dem Theologen größte Schwierigkeiten bereiten, einen Sinn. Denn in ihm bildet sich in kollektiver Hinsicht – d. h. mit dem Volk Israel als Subjekt – der therapeutische Prozeß ab, den die Psalmen darüber hinaus auch für den Einzelnen zur Sprache bringen.

Im Rahmen dieser Darlegungen, die nicht fachwissenschaftlich orientiert sind, müssen einige kurze Hinweise genügen, die für unser Thema wichtig sind.

Wir sahen bereits, welchen Widerstand der Mensch der Ablösung von den naturhaften Bindungen an die inneren Götter entgegenstellt. Erich Fromm sieht das Wesentliche des Glaubens an Jahwe-Gott und sein Weisungswort darin, „daß der Mensch sich aus den inzestuösen Bindungen an Blut und Boden löst und zu Unabhängigkeit und Freiheit gelangt (Unter „inzestuös" verstehe ich in erster Linie keine sexuelle, sondern eine affektive Bindung an die Mutter und an die Natur). Der Mensch, der Gefangene der Natur, wird dadurch frei, daß er zum vollen Menschsein gelangt. Nach Auffassung der Bibel und der späteren jüdischen Überlieferung sind Freiheit und Unabhängigkeit die Ziele der menschlichen Entwicklung, und das Ziel menschlichen Strebens ist der ständige Prozeß der Befreiung von den Fesseln, die ihn an die Vergangenheit, an die Natur, an die Sippe und an seine Götzen binden" (Ihr werdet sein wie Gott, S. 58–59). Entscheidend für die Gotteserfahrung Israels ist, daß Gott nicht ein Teil der Natur ist wie etwa der Fruchtbarkeitsgott Kanaans, der Baal, sondern der „ganz Andere", der dem Menschen im Raum menschlich-geschichtlicher Existenz gegenübertritt. Nicht zufällig betonen die Psalmisten immer wieder das DU Gottes, um der Macht der „Feinde“ zu entkommen:

„Du *bist mein Gott,*
mein ganzes Glück bist Du *allein* ...“ (Ps 16,2)
„Du *wirst mich befreien aus dem Netz* ...“ (Ps 31,5)

Im Prozeß der Be-kehrung, der Hinkehr zum wahren Du, geht es darum, daß Jahwe (Gott) die Herrschaft über den dem Volke zukommenden Lebensraum übernimmt. Deshalb darf nichts von den Feinden und ihrem Besitz als Beute festgehalten, muß alles vernichtet werden. Das ist der Sinn des Bannes, wie er wiederholt begegnet (vgl. z.B. 1 Sam 15,9ff). Die „Kriegstheologie“ des Deuteronomiums formuliert dies so: „Du darfst dich nicht mit ihnen verschwägern ..., denn dein Sohn würde mir abspenstig gemacht, so daß er andere Götter verehrt ... Ihr sollt vielmehr ... ihre Altäre niederreißen ..., ihre heiligen Bäume umhauen und ihre Gottesbilder im Feuer verbrennen. Denn du bist ein Volk, heilig für Jahwe, deinen Gott; ...“ (Deut 7,3–6).
Letztlich geht es darum, daß der einzige Gott (Deut 6,4) Herr des menschlichen *Herzens,* des „Landes“ ist, aus dem ihm die Lebensmöglichkeit in Freiheit ersprießt. Bei der Bekehrung geht es um die „Beschneidung der *Herzen*“ (Deut 10,16). Tiefenpsychologisch bedeutet das, daß Gott im Menschen auch die „Räume“ übernimmt, in denen noch die Mutter- und Vatergötter hausen und die auch der „ Gläubige“ bisher ausgespart hat, weil er wie Saul im Kampf gegen die Amelekiter faule Kompromisse einging, indem er deren fette Beute, also das Lustspendende, festhielt (1 Sam 15,9). Er muß sich sagen lassen, daß er sich im Ungehorsam von Jahwe abgewandt hat (1 Sam 15,10).

9.1.3 Die Verspottung der Götzenbilder

Um die Macht der inneren Götzen zu brechen, müssen die Götzenstatuen zerbrochen werden, die den Menschen gleichzeitig faszinieren und ihm Angst einjagen.
Tatsächlich gehört zum Erleben des Depressiven wesentlich dazu, daß die Elternbilder nichts von der Macht eingebüßt haben, die ihnen das Kleinkind zuschrieb. Vater und Mutter durf-

ten nicht zu sterblichen, fehlbaren Menschen werden, sondern stehen auf einem Sockel wie Götterstatuen.
Deshalb spricht Psalm 82 programmatisch vom Sturz dieser Götter:

„*Wohl habe ich gesagt: Ihr seid Götter,*
ihr alle seid Söhne des Höchsten.
Doch nun sollt ihr sterben wie Menschen,
sollt stürzen wie jeder der Fürsten.“ (Ps 82,6–7)

Auch hier haben die Psalmen ihr Vorbild in den heiligen Kriegen der Israeliten. 1 Sam 5 schildert, wie die Philister die Lade Gottes erbeutet und neben ihrem Gott Dragon im Tempel aufgestellt hatten. Am nächsten Tag war die Statue umgefallen und tags darauf beim Fall zerschlagen, nachdem sie wieder aufgestellt worden war (1 Sam 5,4). Sehr klar drückt dieses Bild aus, daß es auf Dauer nicht möglich ist, Gott neben die Götzen stellen zu wollen, aber auch, daß Gott selbst den Sturz des Götzen bewerkstelligt. Er selbst vermag durch sein bloßes Dasein die Götzenbilder zum Wanken und zum Umsturz zu bringen. Die Entmachtung der Götzen ist nicht Menschenwerk, nicht Willensanstrengung und eigene Leistung. Sie geschieht „bei Nacht“, wo der Mensch nicht wirkt. Im Gegenteil: er begreift lange nicht, was eigentlich geschieht. Er stellt das Götzenbild naturhafter Lust und Nahrung (Dagons weibliche Brüste) wieder auf den Sockel (1 Sam 5,3) und wird erst durch dessen endgültiges Zerbrechen, durch Leid und Krankheit (vgl. 1 Sam 5,6–12!) zur Einsicht geführt.
Andere wichtige Aspekte der Entmachtung der Götzen zeigt die bekannte Erzählung 1 Könige 18,19–40 vom Opferwettstreit auf dem Karmel. Vers 21 formuliert den inneren Konflikt des Menschen, der sich von Gott zur Umkehr gerufen weiß:
„Wie lange wollt ihr auf beiden Seiten hinken? Ist Jahwe der Gott, so folgt ihm nach; ist es aber Baal, so folgt ihm nach!“ Auf die Forderung des Propheten Elia erwidert das Volk, also: der Mensch, „kein Wort“ (Vers 21). Diese trotzige Reaktion auf das Ertapptwerden durch den von Gott gesandten Menschen, der die wahre Situation aufdeckt, ist von grundsätzlicher Bedeutung. Der Mensch möchte zunächst nicht, daß die eigene Blind-

heit überwunden wird, weil er Finsternis und Lüge mehr liebt als das Licht (Joh 3, 19). Die *Psalmen* sind in ihrer Mehrzahl unter der Inspiration prophetischer Weisung entstanden und unterscheiden sich so von jedem „Ratgeber Lebensfragen".
So decken sie die Faszination des Menschen durch Macht und sexuelle Potenz (der Stier war Götzenbild des Baal) auf:

„Sie brachten ihre Söhne und Töchter dar
als Opfer für die Dämonen.
Sie vergossen schuldloses Blut,
das Blut ihrer Söhne und Töchter,
die sie den Götzen Kanaans opferten …
und sie brachen Gott mit ihrem Tun die Treue." (Ps 106, 38–39).

Im Dienst dieses Gottes ist der Mensch bereit, sich selbst zu quälen und zu kasteien. Selbstbestrafung gepaart mit orgiastischer Schmerz-Lust kennzeichnen den Götzendienst:
„Da riefen sie mit starker Stimme und brachten sich nach ihrem Brauch Schnittwunden mit Schwertern und Lanzen bei, bis das Blut an ihnen herabrann" (1 Kg 18, 28).
In mannigfachen Formen, nicht nur im Sado-Masochismus, kann sich im Leben des Einzelnen jene Selbstverstümmelung zeigen, bis das Blut, die Lebenskraft, verrinnt. Immer bedeutet das Gebundensein an den Götzen, die Ekstase zu seinen Ehren, eine Schwächung der Lebensenergie, mag sie auch als höchste Luststeigerung erscheinen. Der zum „Baalspriester" gewordene Mensch kann nur von Gott selbst zur Umkehr gebracht werden:
„Elija rief: ‚Erhöre mich, Jahwe, erhöre mich und laß dieses Volk erkennen, daß du, Jahwe, der Gott bist und *daß du ihr Herz zur Umkehr bringst"* (Vers 37).
Das Feuer Gottes, sein Geist, muß auf das vom Menschen aufgeschichtete Opferwerk fallen, damit er erkennen kann: „Jahwe ist Gott!" (Vers 39). Diese Erkenntnis wird durch das Nach-denken über die reale Ohnmacht des inneren Götzen vorbereitet, der das tiefste Verlangen des Menschen, mit sich selbst zur Übereinstimmung zu kommen, nicht erfüllen kann. Dann kann die scheinbar unumschränkte Macht des Götzen lächerlich gemacht und so ihres numinosen Schauders entkleidet werden:
„Elija verspottet sie und sagte: ‚Rufet doch recht laut, er ist ja ein

Gott! Vielleicht ist er in Gedanken vertieft oder beiseite gegangen oder verreist; vielleicht schläft er gerade und muß erst aufwachen (Vers 27)'".
Bei den alttestamentlichen Propheten finden wir die Götterverspottung bis zu der Aussage gesteigert, daß die Götter „Nichtse" sind:
„Seht, sie alle sind nichts, nichtig ist ihr Tun, Hauch und Luft sind ihre Bilder" (Jes 41, 29). „Seht da, ihr seid ein Nichts, und euer Tun ist nichtig; ein Greuel ist, wer euch erwählt" (Jes 41, 24).
Deutlichen Widerhall davon finden wir im Ps 115:

„Die Götzen ... ein Machwerk von Menschenhand.
Sie haben einen Mund und reden nicht,
Augen und sehen nicht ...
Die sie gemacht haben, wollen ihrem Machwerk gleichen,
alle, die den Götzen vertrauen." (Ps 115, 4–8; vgl. 135, 15–18)

Oder im Psalm 96:

„Denn groß ist der Herr und hoch zu preisen,
mehr zu fürchten als alle Götter.
Alle Götter der Heiden sind nichtig,
der Herr aber hat den Himmel geschaffen." (96, 4–5; vgl. 97, 7)

Was historisch vom heutigen Standpunkt aus als religiöse Intoleranz erscheint, hat tiefenpsychologisch also einen wichtigen Ort im therapeutischen Prozeß der Entmachtung der inneren Götter. Die Verspottung steht im Dienst der Befreiung aus der Gefangenschaft der inneren Tyrannen, auf die Jesaja ein treffendes Spottlied dichtete (Jes 14, 3–20). Im Gefolge der prophetischen Tradition ermuntern die Psalmen dazu, die Götterbilder zu stürzen. Ein Schritt dazu kann schon darin bestehen, diese Machthaber zeichnerisch darzustellen. Die dabei meist entstehende „Komik" der Bilder sind ein wichtiger Einbruch in ihre Unantastbarkeit, die vom Unanschaulich-Unbewußten lebt.

9.2 Die Absage an die Mächte

Die „Verspottung der Götzenbilder" zeigt sich therapeutisch zum Beispiel in Zeichnungen, die Autoritätspersonen der Kindheit – Vater, Mutter, Lehrer, Pfarrer etc. – so darstellen, daß man darüber lachen kann. Es ist nicht leicht, zuzulassen, daß das Entstellende nicht (nur) daher kommt, daß „man halt nicht gut malen kann", sondern Ausdruck von bisher unterdrückter Wut und Verachtung ist. Noch deutlicher zeigt sich diese meist in *Träumen.* Solche Traumbilder sind dann oft auch der Anlaß, bildhafte Darstellungen zu wagen.
In den Psalmen erwächst die Verspottung der Götzenbilder aus der Freiheit, die der Beter „vor Jahwe" den Mächten gegenüber gewonnen hat, und dem wachsenden Vertrauen, daß Er helfen wird (vgl. Ps 115,4–11; Ps 135,5–7; 15–21). Deshalb geht das Lob Gottes mit diesem Spott Hand in Hand.
Liest man aufmerksam in den Texten, dann fällt auf, daß der Psalmist relativ selten Götter und Götzen als Konkurrenten Jahwes direkt zurückweist. In der Mehrzahl sind es Waffen oder Reichtum, Mittel, deren sich die „Feinde" bedienen, um ihn zu demütigen oder zu quälen. Im Gegenzug zur Verachtung, die der Beter von seiten der Feinde erfährt, kann er im sicheren Schutz Jahwes ihnen entgegentreten.

9.2.1 Herabsehen auf die Feinde

„Muß ich auch wandern in finsterer Schlucht,
ich fürchte kein Unheil, denn du bist bei mir,
dein Stock und dein Stab geben mir Zuversicht.
Du deckst mir den Tisch vor den Augen
meiner Feinde ..." (Ps 23,4–5)

Wenn der Mensch vor Jahwe seine Hilfsbedürftigkeit eingesteht, wird er „erhöht" und kann auf seine Feinde herabblicken:

„Der Herr hat mich herausgerissen aus aller Not,
und mein Auge kann auf meine Feinde herabsehen ..." (54,3.9)
„Gott läßt mich herabsehen auf meine Gegner ..." (59,11)

Geradezu übermütig spricht der Beter von Psalm 92:

„Du machtest mich stark wie einen Stier,
du salbtest mich mit frischem Öl.
Mein Auge blickt herab auf meine Verfolger,
auf alle, die sich gegen mich erheben ...“ (92, 9–12)

Psalm 112 zeigt noch einmal den unlösbaren Zusammenhang zwischen der „Verankerung“ in Gott und der Furchtlosigkeit, die Voraussetzung wird für die Hoffnung, eines Tages über den inneren Bedränger zu triumphieren:

„Wohl dem Menschen, der den Herrn fürchtet und ehrt ...
niemals gerät er ins Wanken ...
Er fürchtet sich nicht vor Verleumdung;
sein Herz ist fest, er vertraut auf den Herrn.
Sein Herz ist getrost, er fürchtet sich nie,
denn bald wird er herabsehen auf seine Bedränger.“ (112, 1.6–8).

9.2.2 Durchbrechen der sinnenhaften Faszination

Das Zwangssystem des inneren Tyrannen kann nur deswegen so lange unangefochten existieren, weil es dem schwachen und verunsicherten Ich die Illusion der Sicherheit und die Verheißung von Lebenserfüllung durch Haben (Lust) gibt.
Die Abwertung der sexuellen Verführungskraft und der Macht ist ein Schritt, um sich dem numinosen Bann der „Götter“ zu entziehen. Wahrscheinlich hat der Beter von Psalm 16 die Götter des kanaanäischen Kultes im Blick, wenn er spricht:

„Viele Schmerzen leidet, wer fremden Göttern folgt.
Ich will ihnen nicht opfern,
ich nehme ihre Namen nicht auf meine Lippen.“ (16, 4)

Mit den Leiden könnten die üblichen Selbstverwundungen gemeint sein, die wir bereits bei den Baalspriestern kennenlernten. Eine andere Möglichkeit, sich der Faszination des Götzendienstes zu entziehen, ergreifen die Psalmisten, indem sie sich vergegenwärtigen, daß Gott dieses Tun verabscheut:

„Dir sind alle verhaßt, die nichtige Götzen verehren;
ich aber verlasse mich auf den Herrn.“ (Ps 31,7)

Der große nachexilische Geschichtspsalm 106 führt dem Volk vor Augen, welches Leid es durch den Götzendienst auf sich zog:

„Er gab sie in die Hand der Völker,
und die sie haßten, beherrschten sie.
Ihre Feinde bedrängten sie,
unter ihre Hand mußten sie sich beugen.
Oft hat er sie befreit;
sie aber trotzten seinem Beschluß
und versanken in ihrer Schuld“ (106,41–43)

Der Psalm fordert dazu auf, sich die Zusammenhänge zwischen Götzendienst und der inneren Versklavung an diese Mächte zu verdeutlichen:

„Sie dienten ihren Götzen;
die wurden ihnen zur Falle.“ (106,36)

Erst durch diese Selbstauslieferung wird den „Feinden“ Gewalt gegeben (Vers 41–42). Die Befreiung daraus ist nicht zuletzt deshalb so schwierig, weil der Mensch die Knechtschaft nicht mehr als solche wahr-nimmt und nicht befreit werden will (Vers 43). Der im Psalm angesprochene *Trotz* des Menschen wird von der Überzeugung genährt, daß er als Kind schon so viel an lustvoller Zuwendung entbehrt hat, daß es genug ist. Jetzt hat er ein *Recht* auf Lustgewinn in welcher Weise auch immer, nachdem er ein Leben lang zu kurz kam. Erst das Nach-denken darüber, daß ihn gerade das versklavt, was er scheinbar als Mittel erhöhten Lebensgenusses gewählt hat, hilft ihm, den Bann aufzubrechen.

9.2.3 Abwertung von Macht und Gewalt

Daß in *jedem* Menschen die Dämonie der Macht steckt, gehört zu den Wahrheiten, gegen die wir uns am meisten wehren. Und doch kompensiert jeder den erfahrenen Mangel an Liebe durch

Selbstliebe und den Ausfall der tiefen Lust, geliebt zu werden, durch Machtlust. Gerade Menschen, die nach außen hin so bescheiden und zurückhaltend wirken, haben oft ein um so strengeres autoritäres Regime im Inneren errichtet. Den Machtanspruch, den sie anderen Menschen gegenüber nicht zu leben wagen, verwirklichen sie um so radikaler, indem sie „sich selbst im Griff haben". Wir müssen uns ja immer wieder vergegenwärtigen, daß der innere Machthaber, so sehr er uns quält und unterdrückt, von uns selbst auf den Thron gesetzt wurde. Er ist eine Form der Eigenherrschaft, die der Ausbreitung der Gottesherrschaft in unserem Herzen entgegensteht.

Wir wundern uns deswegen nicht, wenn die Psalmisten Machtmittel und Gewalt auf die „Feinde" projizieren und von der Zerstörung dieses Potentials durch Jahwe die Befreiung erwarten. Streitwagen, Pferde und Schwerter gehören zu den „Mächten", denen die Psalmisten mit Nachdruck eine Absage erteilen müssen. Dies geschieht zum Beispiel dadurch, daß diese Machtmittel bewußt dem Vertrauen auf Gott entgegengesetzt werden:

„Die einen sind stark durch Wagen, die anderen durch Rosse;
wir aber sind stark im Namen des Herrn, unseres Gottes." (Ps 20,8)

In Ägypten war der Streitwagen nicht nur Königsthron, sondern auch Tempel, ja er galt als „göttliches Wesen; seine einzelnen Teile wurden als beseelt betrachtet und in Hymnen besungen" (Keel, Bildsymbolik, S. 215). Die asiatische Kriegsgöttin Astarte (Asiti) hat den Beinamen „Herrin der Pferde und Wagen" oder „stark zu Roß". Die *Entwertung* dieser Machtmittel bzw. der in ihnen gegenwärtigen Götter geschieht dadurch, daß die unermeßliche Herrschaft Gottes in eindrucksvollen Bildern vor Augen gestellt wird. Vor *dieser* Macht sind die Rosse und Wagen nichts.

„Von seinem Thronsitz schaut er nieder
auf alle Bewohner der Erde.
Der ihre Herzen gebildet hat,
er achtet auf all ihre Taten.
Dem König hilft nicht sein starkes Heer,
der Held rettet sich nicht durch große Stärke.

Nichts nützen die Rosse zum Sieg,
mit all ihrer Kraft können sie niemanden retten." (Ps 33, 14–17).

Indem der Beter des Psalms den letztlich ohnmächtigen Menschen mit der Macht Jahwes kontrastiert, die durch nichts aufzuhalten ist, gewinnt er die richtige Relation und vermag die „Götter" so ihrer drohenden Furchbarkeit und zugleich ihrer Verführungsmacht zu entkleiden:

„Du bist furchtbar und herrlich,
mehr als die ewigen Berge ...
wenn du drohst, Gott Jakobs, erstarren Rosse und Wagen.
Furchtbar bist du. Wer kann bestehen vor dir,
vor der Gewalt deines Zornes?" (Ps 76, 5.7–8)

Zu fürchten ist letztlich nur Gott, und alle anderen Mächte haben sich eine Gottähnlichkeit angemaßt, die ihnen nicht zusteht. Aber es geht nicht darum, die „Furchtbarkeit" Gottes und der Götter gegeneinander abzuwägen. Im Feld der Angst sind beide zum Verwechseln ähnlich. Wie viele bewußt „religiöse" Menschen halten die Stimme ihres inneren Diktators für ihr Gewissen oder Gottes Stimme selbst!

Psalmen wie der oben zitierte Ps 76 dürfen deshalb nicht isoliert stehenbleiben. Der Gott Israels hat ja gerade in der Erwählung der Schwachen seine Stärke erwiesen. Seine Furchtbarkeit ist *sorgende* All-macht, die auf die Kraft (auch die moralische Kraft!) des Menschen nicht angewiesen ist, um Gott zu sein:

„Er heilt die gebrochenen Herzen,
verbindet ihre schmerzenden Wunden ...
Groß ist der Herr und gewaltig an Kraft,
unermeßlich ist seine Weisheit ...
Der Herr hilft den Gebeugten und erniedrigt die Frevler ...
Er hat keine Freude an der Kraft des Pferdes;
kein Gefallen am schnellen Lauf des Mannes.
Gefallen hat der Herr an denen, die ihn fürchten und ehren,
die voll Vertrauen warten auf seine Huld." (Ps 147, 3.5–6.10–11)

Freilich ist uns *dieser* Gott, der heilt, erst in Jesus von Nazareth nahegekommen (vgl. Kap. 10). So findet die Botschaft der Psalmen auch erst in ihm Klarheit und Erfüllung, wird das Gottesbild endgültig der Mehrdeutigkeit entrissen, der es so lange ausgesetzt ist, als der Mensch angstvoll darum besorgt ist, sich das Leben (auch und gerade vor *Gott*!) zu verdienen.
Neben Rossen und Wagen war es das *Schwert* (Dolch), das in der Umwelt Israels numinose Macht besaß. Wenn Israel zu der Einsicht kommt, daß „das Land" nicht mit dem Schwert, sondern durch Gott gewonnen wird (Ps 44, 4), dann bedeutet das ähnlich wie bei der Absage an Rosse und Wagen, daß nur das Vertrauen auf Gott den Menschen das finden läßt, was er wirklich zum Leben braucht:

„Mit dir stoßen wir unsere Bedränger nieder,
in deinem Namen zertreten wir unsere Gegner.
Denn ich verlasse mich nicht auf meinen Bogen,
noch kann mein Schwert mir helfen;
nein, du hast mich vor unseren Bedrängern gerettet ..."
(Ps 44, 6–8 a)

Der Beter hofft, daß Gott Bogen und Pfeile vernichten wird, wenn er *seine* Herrschaft aufrichtet:

„Er setzt den Kriegen ein Ende bis an die Grenzen der Erde;
er zerbricht die Bogen, zerschlägt die Lanzen,
im Feuer verbrennt er die Schilde.
Laßt ab und erkennt, daß ich Gott bin,
erhaben über die Völker, erhaben auf Erden." (Ps 46, 10–11)

„Vor Jahwe" darf der Beter, der sich den Angriffen des inneren Tyrannen ausgesetzt fühlt, aber noch einen Schritt weitergehen, als sich die Nichtigkeit dieser Machtmittel zu vergegenwärtigen. Er darf, wenn er Pfeil und Bogen auf sich gerichtet fühlt, seinen Haß gegen den „ Feind" zum Ausdruck bringen, indem er dessen Tod als Vergeltung wünscht:

„Die Frevler zücken das Schwert und spannen den Bogen ...
ihr Schwert dringe in ihr eigenes Herz,
und ihre Bogen sollen zerbrechen." (Ps 37, 14–15)

9.3 Der Kampf gegen die Feinde

Die Abwertung der Mächte, die in deren Verspottung deutlichen Ausdruck gewinnt, ist ein entscheidender Schritt, um aus ihrem Bann herauszutreten und ihre Machtsphäre zu verlassen. Aber die Psalmen bleiben dabei nicht stehen. Vielmehr findet sich in ihnen der Vernichtungswunsch in aller Klarheit ausgesprochen. Es geht nicht nur um eine Verminderung des götzenhaften Herrschaftsanspruchs, sondern um die völlige Zerstörung der Feinde. Dabei entlädt sich der ganze Haß, der sich im Laufe der Zeit aufgestaut hat, weil er besonders stark verdrängt war. Denn sosehr die Götter auch knechteten, sie garantierten zugleich die Stabilität des schwachen Ichs. Sie zu hassen, bedeutet also, den Boden unter den Füßen zu verlieren.

Im Lichte des neutestamentlichen Liebesgebotes hat man an den „Fluchpsalmen" mit ihren Rachebitten schon immer Anstoß genommen und versucht, sie zu rechtfertigen.

So schreibt etwa der bekannte Psalmenforscher Alfons Deissler: „Nicht jedes Wort, auch nicht jeder Vers kann und muß im ursprünglichen Sinn voll übernommen werden, dies liegt an der Begrenztheit der atl. Offenbarungsstufe. Vor allem gilt das für die Verwünschung der Feinde. Hierin hat Jesus durch Wort und Beispiel die altbundliche Ebene weit überschritten" (Psalmen, 27).

Das ist zweifellos, unter historischem Gesichtspunkt gesehen, richtig. Keel macht im Rahmen seiner immer wieder herangezogenen Studie über die „Feinde" deutlich, daß die Haßausbrüche der Psalmen „aus der Angst geboren sind, und diese ihrerseits eine Manifestation der Ohnmacht" ist (Feinde, 227). Deshalb müsse man in den Psalmen richtiger von „Strafwünschen" sprechen (a.a.O., 228). Dem alttestamentlichen Beter gehe es um die Vernichtung dessen, was Jahwe entgegensteht, „das heißt, wenn alles Böse ausgerottet ist, herrscht Gott wirklich" (Keel, Feinde, 229).

Der Umgang mit diesen Texten ist denn auch die letzte Stufe des Prozesses der Entmachtung der Feinde, den wir bis hierher verfolgt haben.

Wenn wir hier zögern und das Gefühl starker Befremdung uns

überkommt, zeigt uns das, daß wir den Haß, den wir in uns tragen, verdrängt haben. Diese massive Abwehr, sich den Haß zuzugestehen, rührt sicher auch daher, daß nichts unser Christsein (und unser daraus resultierendes Gutseinwollen!!!) so sehr in Frage stellt wie Haßgefühle, da wir doch immer vergeben sollen! Aber hier gilt es mit Nachdruck darauf hinzuweisen, daß die Heilung als Befreiung von den inneren Götzen nur möglich ist, wenn auch der krankmachende Haß eingestanden und zugestanden wird:
„Je mehr ein Kind sich anpaßt und ‚brav' ist, um so mehr verdrängt es diese Aggressionen. Sie vergiften den Grund der Seele und verursachen eine negative Gebundenheit an die Eltern (auch wenn diese bereits gestorben sind) ... Innere Heilung ist hier nur dann möglich, wenn Zorn, Schmerz und Aggressionen den Eltern gegenüber eingestanden und zugleich zugelassen werden. Erst dann ist der Mensch fähig, seine Eltern und andere schicksalhafte Fügungen (...) anzunehmen. Erst dann kann der entscheidende Schritt erfolgen, den Eltern (...) zu vergeben," (H. Böhringer, Innere Heilung).

9.3.1 Haß und Vernichtungswillen in den Psalmen

„Soll ich die nicht hassen, Herr, die dich hassen,
die nicht verabscheuen, die sich gegen dich erheben?
Ich hasse sie mit glühendem Haß;
auch mir sind sie zu Feinden geworden." (139,21–22)

Es geht bei diesem Haß, der aus dem Inneren aufbricht, um die Feinde Gottes, die sich Gottgleichheit anmaßen.
Da sie neben Gott keine Existenzberechtigung haben, kann der Beter nur ihre Vernichtung wünschen:

„Auf die Frevler lasse er Feuer und Schwefel regnen;
sengender Wind sei ihr Anteil" (11,6)
„Er lasse glühende Kohlen auf sie regnen,
er stürze sie hinab in den Abgrund,
so daß sie nie wieder aufstehen." (140,11)

Aber nur *Gott selbst* ist stärker als der „Feind“:

„Wolltest du, Gott, doch den Frevler töten! (139, 19)
„Scheitern sollen die Frevler,
verstummen und hinabfahren in das Reich der Toten.“
(31, 18 b); vgl. 49, 15; 55, 16)

Entscheidend ist, daß die gottwidrigen Mächte ihre Kraft, ihre Faszination verlieren. Der Beter möchte zusehen, wie sie sich unter Gottes wahrer Macht verflüchtigen:

„Sie sollen werden wie Spreu vor dem Wind …“(35, 5) (vgl. 58,8–10)
„Ich sah einen Frevler, bereit zur Gewalttat,
er reckte sich hoch wie eine grünende Zeder.
Wieder ging ich vorüber, und er war nicht mehr da;
ich suchte ihn, doch er war nicht zu finden.“ (37, 35–36)

Wer auf den Herrn hofft, so sagt derselbe Psalm vorher, wird „sehen, wie der Frevler vernichtet wird“ (37, 34).
Vielfach variiert der Psalmist auch bei seinen Vernichtungswünschen die Bilder. Dabei wird nun noch einmal klar, wie tief die Existenz der Götter in uns verwurzelt ist:

„Du liebst lauter verderbliche Worte,
du tückische Zunge.
Darum wird Gott dich verderben für immer,
dich packen und herausreißen aus deinem Zelt,
dich entwurzeln *aus dem Land der Lebenden.“* (52, 6–7)

Mehrfaches lehrt dieser Text:
Einmal ist für den heilenden Prozeß von besonderer Bedeutung, daß der „Feind“ direkt zum Gesprächspartner gemacht wird, wie wir bereits weiter oben besprachen (vgl. C. G. Jungs aktive Imagination). So wird die *Realität* dieser inneren Tyrannen bewußter. Sodann wird mit dem Bild der *Zunge* (als pars pro toto) der „Feind“ in seinem Wesen als „diabolos“, als Lügner, benannt. Und endlich kommt in den drastischen Bewegungen des „Packens“, „Reißens“ und „Entwurzelns“ die Entschlossenheit zum Ausdruck, mit der Absage an den „Feind“ und seine Faszination ernst zu machen.
An anderer Stelle kann der Psalmist mehr auf die Gewalttätig-

keit der „Feinde“ blicken und um die Zerschlagung ihrer Zähne bitten (58,7).
Mit besonderer Eindringlichkeit zielt Psalm 69 auf die Lebenskraft des „Feindes“:

„Blende ihre Augen so, daß sie nicht mehr sehen
lähme ihre Hüften für immer!“ (69,24)

Es sind vor allem die wissend-richtenden Augen, die der Mensch von der inneren Mutter (Vater) auf sich gerichtet sieht bei seinem Tun, und es ist die Geschlechtskraft in ihrer Fülle als Lebenskraft, welche von ihr gleichsam einbehalten und so geraubt wird. Diese Kraft wird im Alten Testament in der Hüfte lokalisiert (vgl. auch den Kampf Jakobs mit dem Engel).

9.3.2 Der Befreiungskampf im therapeutischen Prozeß

In Einzelheiten malt sich der Beter von Psalm 109 aus, wie Gott dem Feind das Böse vergelten könnte, das er getan hat (109,6–20). Es ist, als wolle er diesen Feind in jedem nur möglichen Bereich seiner Existenz treffen. Die Vernichtung soll so umfassend sein, daß das Böse für immer ein Ende hat:

„Seine Nachkommen soll man vernichten,
im nächsten Geschlecht schon erlösche sein Name.“ (109,13)

Der Psalm kann mir helfen, differenziert die Vielfalt der inneren Verletzungen aufzugreifen, die mir zugefügt wurden und meinen Haß nährten:

„Sein Frevel stehe gegen ihn auf als Zeuge,
ein Ankläger trete an seine Seite ...“ 1109,5)

Ich erinnere mich, wie ich als Kind „verpetzt“ wurde und sich Kameraden oder Mitschüler als Zeugen fanden ... Wer oder was trat mir nicht alles anklagend gegenüber: der vorwurfsvolle Blick der Nachbarn, der stumm leidende Blick der Mutter, die inquisitorisch bohrende Frage des Vaters, das beleidigte Gesicht der Schwester ... Aber der innere Ankläger machte recht früh die äußeren überflüssig. Er war immer sofort zur Stelle, wenn ich „nicht lieb“ war ...

„Aus dem Gericht gehe er verurteilt hervor,
selbst sein Gebet werde zur Sünde ...“ (109,7)

Sosehr ich um Freispruch oder wenigstens Milderung bettelte, ich ging immer verurteilt aus dem Gericht hervor. Es gab keine Gnade, weil die Verurteilung ja zur „Besserung“ gedacht war. Die verhängte Strafe sollte ja zum Beispiel „dem Gedächtnis nachhelfen“, wenn ich etwa bei einer Lüge ertappt wurde ...
Das ganze Gerichtszeremoniell aber fein heuchlerisch eingepackt in fromme Sprüche: Gott ist auch über dich traurig, ihn mußt du auch um Vergebung bitten!

„Nur gering sei die Zahl seiner Tage.
Sein Amt soll ein anderer erhalten ...“ (109,8)

Ja ich mußte gestehen, daß ich ihn oft wegwünschte. Aber zu laut durfte ich's nicht denken; denn was für ein undankbares Kind wäre ich gewesen, wenn ich ihm den Tod wünschte, – um einen anderen Vater (Lehrer, Pfarrer ...) zu haben?

„Seine Kinder sollen zu Waisen werden
und seine Frau zur Witwe ...“ (109,9)

Hatte *ich* denn richtige Eltern? War ich nicht verwaist, weil ich in meiner Not und Einsamkeit niemanden hatte? (denn Sorgen hatten grundsätzlich nur Erwachsene!) ...
Sie waren verheiratet. Aber waren sie wirklich füreinander Frau und Mann? ...

„Unstet sollen seine Kinder umherziehen und betteln,
aus den Trümmern ihres Hauses vertrieben ...“ (109,10)

Es gibt Situationen, in denen ich plötzlich ein bettelndes Kind in mir entdecke: bettelnd bei jedem Vorübergehenden um etwas Zuwendung und Anerkennung. Das tut sehr weh, das zu spüren, besonders dann, wenn der Spiegel schon ein altes Gesicht zeigt. Die Augen aber, die Augen sind die des kleinen ängstlichen Kindes ...
Dann wird deutlich, wie brüchig das Haus war, in dem ich wohnte, obwohl es als einzigartig galt, dem keine andere Familie verglichen werden konnte. Mit der Illusion über eine „heile

Kindheit“ ist auch das Haus zum Trümmerhaufen geworden. Die Vertreibung aus dem „Paradies“ ist unwiderruflich …

„Sein Gläubiger reiße all seinen Besitz an sich;
Fremde sollen plündern, was er erworben hat … (109,11)

„Gerecht“ wurde mir zugeteilt. Ich durfte nichts als meinen Besitz erwerben. Taschengeld! Über jede Kleinigkeit mußte Rechenschaft abgelegt werden. Dinge, die schön waren und ordentlich aussahen, konnten mir nicht gehören. Denn meine Sachen hatten beschädigt oder schlampig auszusehen. Was ich besitzen (behalten) durfte, bestimmten Eltern oder größere Geschwister (die „aufräumen halfen“!).

„Der Herr denke an die Schuld seiner Väter,
ungetilgt bleibe die Sünde seiner Mutter.
Ihre Schuld stehe dem Herrn allzeit vor Augen,
ihr Andenken lösche er aus auf Erden.
Denn dieser Mensch dachte nie daran, Gnade zu üben;
er verfolgte den Gebeugten und Armen
und wollte den Verzagten töten.“ (109,14–16)

Dauernd fühlte ich mich wegen irgend etwas schuldig. Es war ein leichtes, mich zum Schuldbekenntnis zu bringen. Und hinderte mich die Angst vor der Strafe, dann verriet mich mein „störrisches“ betretenes Schweigen. Ahnen Erzieher so wenig, wie sie ihre Kinder durch die Erzeugung von Schuldgefühlen seelisch zu Krüppeln machen?
Um dem eigenen Unschuldswahn huldigen zu können, werden Kinder zu Sündenböcken gemacht. So werden sie ihres eigenen Lebens beraubt und sollen das leidliche Überleben der Erwachsenen, das Weiterfunktionieren einer sterilen Ehe oder die Aufrechterhaltung eines heimlichen Größenwahns ermöglichen.
Zu diesen Kindern gehöre ich, und die Verletzungen haben sich tief in die Seele gegraben. In wieviel Wut und Haß sind sie eingefroren? Ja, *gnadenlos* mußten Fehler und Schwächen bei mir verfolgt werden, um die eigene Vollkommenheit „dieses Menschen“ (V. 16) aufrechtzuerhalten. Das Winseln um Gnade und

das von Todesangst diktierte Versprechen, „es nicht mehr zu machen“, nützte nichts: dem Gebeugten wurde die gerechte Anzahl von Stockschlägen verabreicht ...

Solche, andere und weitere, eine ganze Flut von Verletzungen kann der Psalm an die Oberfläche spülen. Das, was der Beter des Psalms selbst erfahren hat, wünscht er nun seinem Feind.

Wenn ich mich in ein kleines ohnmächtig-wehrloses Kind hineindenke, fällt es mir nicht schwer, mich mit ihm zu identifizieren. Welche andere Waffe hat es denn, als diese „primitive“, nämlich den Wunsch, daß dem Peiniger genau das geschieht, was ihm selbst von diesem angetan wird?: „Er liebte den Fluch – der komme über ihn; er verschmähte den Segen – der bleibe ihm fern ...“ (Ps 109, 17).

Hilfreich ist auch hier die Methode des leeren Stuhls, wie sie aus der Gestalttherapie oder der Transaktionsanalyse (TA) bekannt ist: Ich setze mich einem leeren Stuhl gegenüber, auf dem ich mir den „Feind“ vorstelle. Dann lasse ich meiner Wut und Enttäuschung über ihn freien Lauf, indem ich ihn direkt anrede:

„Hau ab, ich habe genug von dir! Ich möchte endlich mal frei atmen können und nicht dauernd ein schlechtes Gewissen haben!“ ...

Danach wechsle ich auf den anderen Stuhl und bin der „Feind“ (der ja längst ein „Teil“ von mir geworden ist):

„Sachte, sachte, du willst mich loshaben? Hast du denn noch nie darüber nachgedacht, was du mir alles verdankst? (Verdis RIGOLETTO: „Hat dein heimatliches Land keinen Reiz für deinen Sinn?

Hast du niemals dankerfüllt an dein Vaterhaus gedacht?“) Du möchtest „frei“ sein? Hätten deine Eltern dich zu einem gewissenlosen Schurken erziehen sollen? ...“ Der Dialog wird, jeweils mit Platzwechsel, solange fortgeführt, bis ein Punkt erreicht ist, an dem es (zunächst?) nicht weitergeht. Dieser Prozeß der Auseinander-setzung kann viel klären: Ich lerne das traurig, gedemütigte und wütende Kind in mir kennen und fühlen; und ich lerne den „Feind“ auch ein Stück weit verstehen. Das ist von entscheidender Bedeutung. Denn er wird lebenslang als mein „Schatten“ zu mir gehören und ich muß mit ihm brüderlich unter einem Dache wohnen.

Meine Vernichtungswünsche dienen dem Ziel, die lebensbehindernde *Übermacht* des „Feindes“ zu brechen, mich aus seiner Vormundschaft zu befreien. Insofern ist der Kampf gegen ihn noch Vorstufe zur endgültigen Befreiung. Solange ich noch gegen jemanden oder etwas (zum Beispiel eine „schlechte Gewohnheit“) kämpfe, bin ich noch gefühlsmäßig stark daran gebunden, liebe und hasse ich ihn (es).

Was in diesem Prozeß sterben muß, ist also meine Abhängigkeit von den Götzen, damit ich Mensch werden kann. Ich selbst habe ja, wie wir sahen, die verinnerlichten Eltern „in einem pervertierten Glaubensakt“, wie W. Daim (Tiefenpsychologie und Erlösung, S. 264) sagt, vergöttlicht. Die zerstörende Aggression, der Vernichtungswille, richtet sich nicht gegen die Eltern als solche, auch nicht gegen das verinnerlichte Bild von ihnen, sondern letztlich gegen ihre *Ver-absolutierung* und Götzenhaftigkeit. Im Befreiungskampf gegen die vergöttlichten Feinde wird uns bewußt, wie sehr die *Rache* gegenüber den Eltern jede Neurose zutiefst bestimmt, was wir in der Regel völlig verdrängt haben. Die Psalmen helfen uns, das zu erkennen; denn in ihnen ist das Rachebedürfnis als Motiv des Feindeshasses unschwer zu fassen. Zugrunde liegt der unbewußte Schwur, den Eltern (oder anderen Bezugspersonen) heimzuzahlen, daß sie uns nicht so liebten, wie wir es gebraucht hätten. Dies kann in vielfältiger Weise geschehen, wobei der gemeinsame Nenner der ist, nicht erwachsen zu werden und Verantwortung zu übernehmen.

Hans Böhringer macht zudem darauf aufmerksam, daß die Rache und der Haß sich auch gegen Gott richten, „der als der ‚letztlich Verantwortliche‘ einem solche Eltern und eine solche schmerzliche Kindheit zugewiesen hatte.“

Böhringer fährt fort: „Deshalb verweigert man ein solches Leben, das einem im Innern unerträglich geworden ist, auch wenn man im Bewußtsein und im Alltag sich durchaus ein scheinbar sinnvolles Leben zurechtgebaut hat. Aber dieses Leben wird nicht von sinnspendenden Kräften gespeist; denn im Herzen (im Unterbewußtsein) ist noch – als Mitte des Lebens! – die ganze Opposition gegen dieses Leben aus der Kindheit völlig intakt vorhanden geblieben, weil man diese vergiftenden Gefühle nie

vor sich (und Gott) zugeben (und sie sich von Gott vergeben) und sie loslassen wollte, weil Rache ‚süß' ist" (Zur Erhellung der Entstehung und des Wesens der Neurose, S. 6).
Die Psalmen geben diesen „vergiftenden Gefühlen" vor Gott Raum und bringen dadurch den Beter in die Wahrheit (gr.: Unverborgenheit!), die frei macht. Dieser Weg kann lang sein; denn zu lange mußten wir Haß und Wut zurückhalten, um uns und unserer Umgebung glaubhaft zu machen, daß wir lieb und gut sind. Diese angemaßte Vollkommenheit (sein wie Gott!) war jahrzehntelang der Garant unseres Selbstwertgefühls. Woher sollen wir das Vertrauen nehmen, daß wir auch mit unseren „dunklen" Gefühlen wertvoll und angenommen sind? Wir können es uns nur als unplanbare Gabe von Gott schenken lassen.

9.3.3 „Drachenkampf"

Im folgenden soll zuerst am Beispiel einer Kinderanalyse gezeigt werden, wie sehr die projektive Feindbekämpfung der Psalmisten die *frühkindliche* Situation widerspiegelt, in der Gefühle noch unverstellt geäußert wurden. Danach kommt ein Klient zu Wort, der mir erlaubte, einen Auszug aus seinem Tagebuch mitzuteilen.
Im therapeutischen Prozeß bei Kindern tauchen jene archetypischen Symbole für den „Feind" wieder auf, vor denen der Psalmist ein mehr oder weniger deutliches Grauen empfindet: der alles verschlingende Drache, oder das dunkle, schwarze Loch (Grab, Grube), in das zu fallen, tödlich ist (Ps 74,12–17; 89,6–15; 40,3 vgl. 86,13; 88,4–12).
In dem von Ursula Eschenbach herausgegebenen Band „Das Symbol im therapeutischen Prozeß bei Kindern und Jugendlichen" schildert Diethild Laitenberger die dramatische Auseinandersetzung eines etwa sechsjährigen Jungen mit den „Elternimagines" (Die Ich-Entwicklung eines psychosegefährdeten Jungen im Symbolkreis des Drachen, a. a. O., 97–155).
Dabei stößt die Analytikerin als Begleiterin in diesem Prozeß gleichsam von selbst auf biblische Bilder, deren therapeutische Dimension sie entfaltet. Freilich können im Rahmen dieses Kapitels nur einzelne Punkte herausgegriffen werden.

9.3.3.1 Tötende Blicke

Das Kind wurde zur Behandlung wegen einer schweren Angstneurose überwiesen. Der Lebensraum, in den das Kind hineingeboren wurde, ist geprägt durch die Unfähigkeit der Mutter, das Kind anzunehmen. Der Versuch, das Kind abzutreiben, mißlang.

Die Analytikerin sieht das Leben des Kindes von Anfang an durch Gegenbotschaften der Mutter getötet:

„Das Leben des Kindes begann mit der Gegenbotschaft: ‚Sei tot'." (98)

„Ich höre das Zischeln der Menge-Grauen ringsum.
Sie tun sich gegen mich zusammen;
sie sinnen darauf, mir das Leben zu rauben." (Ps 31,14)

„Meine Feinde reden böse über mich:
‚Wann stirbt er endlich und wann vergeht sein Name?'" (Ps 41,6)

Eß- und Schlafstörungen sind die Folge der Nichtannahme. Das alles findet seinen symbolhaften Ausdruck in der Angst des Jungen „vor Augen, die ihn ansehen" (102).

Das Motiv des gefährlichen, bösen Blicks ist aus Märchen und Mythologie bekannt, ebenso in sprichwörtlichen Redensarten aufbewahrt: „Wenn Blicke töten könnten!..." (vgl. Laitenberger, 103).

Es geht darum „den vom Blick Getroffenen zu strafen, ihm zu schaden, ihn abzuwerten oder sein Bewußtsein auszulöschen" (103). Auch der Psalmist sieht sich solchen Blicken ausgesetzt:

„Die Schmähungen derer, die mich schmähen,
haben mich getroffen." (Ps 69,10)

Deshalb bittet er:

„Blende ihre Augen, so daß sie nicht mehr sehen ..." (Ps 69,24)

Es wird aus dem Gesagten deutlich, welche fundamentale Bedeutung das Angeblicktwerden für das Kind hat, welche heilende oder tötende Wirkung es haben kann.

Die Bitte des Psalmisten: „Herr, laß dein Angesicht über uns leuchten!" (Ps 4,7; 80,19–20) findet ihre Parallele in dem Verlangen, liebend, wohl-wollend angeschaut zu werden, der Mitte jeder therapeutischen Beziehung.

9.3.3.2 Gefangenschaft im Mutterarchetyp

Das Kind spielt lange mit einem roten Holzzug mit Drachenkopf, Bild des Ouroboros, „der den Kreislauf von Leben und Tod, Verschlingen und Gebären, Selbstbefruchtung und Selbstverwirklichung versinnbildlicht" (105).

Holger ist die Aufgabe gestellt, sich „vom bisherigen umschlingenden mütterlichen Urgrund des Unbewußten" zu befreien (106).

Wie geschieht dieser Befreiungskampf?

Zuerst einmal muß das, wovon wir uns befreien müssen, *benannt* werden, es muß Gestalt gewinnen als Objekt der möglichen Auseinandersetzung.

Bei Holger geschieht das in den ersten zwanzig Stunden nur dadurch, daß er Spielzeug benennt:

Der Drachenzug wird zum Drachenschiff, zum Kriegsschiff, aber auch zum Rettungsboot, d. h. das Kind zieht die Kräfte des Drachens an sich, um den Kampf gegen ihn zu bestehen. Alles Unbewußte ist ja ambivalent, wie das Leben unter naturhaftem Aspekt. Der Drache kann so als dämonisches Ungeheuer beschrieben werden (Leviathan, Behemoth: Ps 74,12ff; 89,6–16; 104,7; Hiob 7,12; 40,25; 41,11). Der Junge träumt, ein Drache wolle ihm den Hals durchbeißen. Dazu fällt ihm später ein, daß er zu seiner Mutter sagt:

„Wenn du immer schimpfst, siehst du aus wie ein Drachen, dann muß ich immer die Augen zumachen" (108).

Holgers Spiele finden auf dem Meer (Bild des Unbewußten) statt. Darauf geschieht die aktive Auseinandersetzung mit dem negativen Mutterarchetyp: als „Hänsel kämpft er gegen die Hexen („es tauchen nun nahezu unüberwindlich viele Hexen auf").

Die Hexen werden eingesperrt, ins Meer gestoßen und ertränkt, „sie werden geköpft. Sie sollen in ein Loch fallen" (111).

Es fällt auf, daß das Kind den Hexendrachen mit den Waffen bekämpft, die es selbst fürchtet.

„Es kann den Feind offenbar dann besiegen, wenn er ihn mit dessen eigenen Waffen schlägt" (112).

Diese Kämpfe kann Holger nur bestehen, weil „Gretel" (die Analytikerin) hinter ihm steht: „Im Schutz des Hintergrundes finden die Begegnungen statt" (112):

„Wer im Schutz des Höchsten wohnt
und ruht im Schatten des Allmächtigen ...
Er beschirmt dich mit seinen Flügeln,
unter seinen Schwingen findest du Zuflucht,
Schild und Schutz ist dir seine Treue ...
du schreitest über Löwen und Nattern,
trittst auf Löwen und Drachen." (Ps 91,1.4.13)

Aus dieser Kraft heraus kann der Junge also den Befreiungskampf wagen und die Gefahren bestehen, die er fürchtet: Unterzugehen, in ein Loch zu fallen und gefangengehalten zu werden.

9.3.3.3 Der Befreiungskampf

Der Kampf ist aufreibend. Das Kind flieht, flieht weg, verbündet sich mit Wind und Luft.

Holger überträgt jetzt zunächst seinen Haß und seine Wut auf „Gretel", die ja entscheidende Hilfe beim Kampf gegen das negative Mütterliche leisten soll.

Erst in der 92. Stunde will der Junge aufhören, ein Vogel zu sein und wegzufliegen. Er kann an Land gehen, will aber in eine *andere* Familie gehen.

In der 101. Stunde bringt das Kind ein Bild von Abraham mit und erzählt die Geschichte seines Auszugs (124).

Aber der Kampf muß immer wieder neu aufgenommen werden: In der 104. Stunde läßt Holger Gretel durch den Walfisch verschlingen und lebendig wieder ausspucken.

Die Behandlerin erwähnt die Jonageschichte, die der Junge hören will. Der Junge tötet den Walfisch, baut ihn zu einem Schiff um, damit Hänsel und Gretel hineingehen können. Dann läßt er den Fisch wieder lebendig werden und kämpft zusammen mit ihm gegen Krokodile und Schlangen.

Holger spielt dann mehrere Stunden Krieg, kämpft als König Alexander gegen feindliche Soldaten und wird immer aggressiver gegen die Behandlerin. Als feuerspeiender Drache greift er sie an. Er schreit sie an: „‚Du dummes Arschloch', ‚Dir sollen die

Zähne aus dem Arsch rauskommen'. ,Du blöde Sau, ich mach' Suppe aus dir'. ,Ich will dir den Hals umdrehen'. ,Ich will dich mit dem Mähdrescher niedermähen'" (134).
Dies erinnert an Bilder der Psalmen:

„Wenn ein Feldlager gegen mich lagert,
wenn ein Kampf gegen mich sich erhebt ..." (Ps 27,2)

Das Motiv der Belagerung findet sich auch in Ps 3,7 und 62,4.

„Du hast den Feinden den Kiefer zerschmettert,
die Zähne zerbrochen ..." (Ps 3,8); vgl. Pss 18,43; 31,19)

„Zerbrich die Zähne im Mund, das Gebiß des Löwen."
(Ps 58,7; vgl. 66,12)

„Er lasse glühende Kohlen auf sie regnen ..." (Ps 140,11)

Die Aggression des Kindes gilt besonders dem *Kopf* der Behandlerin („Du sollst nicht so blöd glotzen!") (140).
In der 152. Stunde bildet Holger im Sand einen Toten*kopf* ab, „der aller Wahrscheinlichkeit nach die Vereinigung des erlebten tötenden Mütterlichen und tötenden Väterlichen (Elternimago) beinhaltet" (143).

„Du hast die Häupter der Drachen zerspalten,
die Köpfe des Leviathan zermalmt." (Ps 74,10–14)

„Gott zerschmettert das Haupt seiner Feinde." (Ps 68,22)

Erst nachdem das Kind so auch „die tötende, zerstörende Seite des eigenen Selbst aus sich herausgelegt hat" (143), „treten Bilder der Erneuerung und Wiedergeburt, der Erlösung auf" (144). Gegen Ende der Behandlung markiert der Junge ein Gesicht in den nassen Sandkasten und füllt die Löcher (Augen, Nase, Mund) mit trockenem Sand auf. Das Gesicht des Todes wird „ausgefüllt". Diesem Gesicht kann Holger in die Augen sehen (146).
Auf das Bild des Drachens stößt auch Herr X., der sich mit seinen Gefühlen auseinandersetzt, die ihn beim Beten der Laudes, des kirchlichen Morgengebets kommen:
„Ich werde mir bewußt, welche Aggressionen in mir sind und

wie sie sich total gegen mich selbst wenden. Als ich am Morgen am Schreibtisch sitze, um die Laudes des Freitags zu beten (Ps 51 und 147), bin ich unfähig, nachzuvollziehen, was da steht. Ich merke, daß es in mir brodelt, daß ich mich selbst am liebsten ohrfeigen will: Ich hasse, ich hasse auch das, was ich sprechen soll. Mir fällt ein, wenn ich an den vergangenen Abend denke, wie sehr ich immer *anderen* zu gefallen alles getan habe, nicht weil ich es gern wollte ... Mir fällt dann auf, wie sehr ich mir in den letzten Wochen wieder wehtue, indem ich die Haut an meinen Fußsohlen reiße, bis es blutet!... Ich stehe auf, um meine Wut zu malen. Mit schwarzer Kreide schreibe ich auf das Blatt in einem großen schwungvollen Schriftzug: Haß!

Dann beginne ich dran weiterzumalen, bis sich immer deutlicher das Bild des Drachens herausschält, der mich zu verschlingen trachtet. Er ist ... ein *Vampir,* saugt mir das Blut aus und nimmt mir auch meine Manneskraft: *Das* darf ich nicht wollen! Ich schlage „zufällig" Psalm 69 auf und spreche ihn laut: „Hilf mir o Gott, schon steht mir das Wasser bis an die Kehle!" In den Psalmen 74 (13–14) und 88 (11) finde ich etwas vom Sieg Gottes über den Chaosdrachen. Auch Hiob, Kap. 41 beschreibt die Macht des Drachens ...

Der Vesperpsalm des zweiten Freitags, Psalm 116, 1–9 schlägt das Thema an, welches mir das Bild enthüllt hat:

„Mich umfingen die Fesseln des Todes, mich befielen die Ängste der Unterwelt ..."

Ich will noch in ein Gespräch mit dem Drachen kommen. Aber es gelingt nicht. Der Schrecken ist zu lähmend. Meine Gedanken haken sich bei den *Zähnen* fest und ich denke ans Beißen. Ich beiße, beiße, beiße ...!

Ich will *mich selbst* verzehren, auffressen; der Drache in meinem Inneren hat alle Macht an sich gezogen!...

Der Abschlußpsalm der Komplet bringt noch einmal das Thema des Tages:

„Deine Schrecken vernichten mich.
Sie umfluten mich allezeit wie Wasser und dringen
auf mich ein von allen Seiten ..." (Ps 88)

Mir fällt (am nächsten Tag) ein, daß das Ungeheuer (Drache) der Vater ist, der auf meine Kosten *seine* Männlichkeit beweisen will (totale Machtausübung).
Ich muß üben, mich anders zu fühlen als nur im Schmerz (Hautreißen) und in der orgiastischen Lust. Durch das Nägelbeißen ... vollziehe ich eine dauernde Selbstkastration! (Nägel sind ja aggressiv: damit kann ich als kleines Kind den Gegner zerkratzen und ihm wehtun. Aber ich beiße sie mir ab und beiße keinen anderen, weil ich „den Mund nicht aufmache" ...)

10. Heilung als Machtwechsel

Der dramatische „Drachenkampf" des kleinen Holger läßt uns erahnen, daß es in der Auseinandersetzung mit den inneren Göttern um Leben und Tod geht:

Mich umfingen die Fesseln des Todes,
mich erschrecken die Fluten des Verderbens
Die Bande der Unterwelt umstrickten mich,
über mich fielen die Schlingen des Todes ..." (Ps 18,5–6)

Was wir nicht für möglich halten ist, daß die Mitte der Nacht der Anfang des Tages ist, die Mitte der Not der Anfang des Lichts, wie es ein alter Hymnus sagt. Deshalb weichen wir aus, solange es irgendwie geht. Deshalb muß wirklich jeder andere Ausweg versperrt sein, bevor wir bereit sind, diese Auseinandersetzung zu wagen.

Wir können uns gar nicht eindringlich genug immer wieder vor Augen führen, daß die inneren götzenhaften Feinde uns so sehr beherrschen, daß wir mit dem Angriff auf sie uns selbst zu zerstören glauben. Denn die erschreckende Grimasse ihres lebensfeindlichen Machtanspruchs bekommen wir ja, wie wir sahen, erst allmählich zu Gesicht. Lange Zeit erscheinen sie uns als selbstverständliche Gewohnheiten und Haltungen, die unser schwaches Ich-bewußtsein stützen und die Erfolg und Anerkennung gewährleisten. Ihre Herrschaft in Frage zu stellen bedeutet deshalb, uns selbst und unser ganzes bisheriges Leben in Frage zu stellen, heißt also, den Boden unter den Füßen zu verlieren und buchstäblich in die Tiefe zu fallen.

Aus der Tiefe ruft der Psalmist zu Gott um Hilfe, weil er spürt, daß das schwache, ohnmächtige Ich nicht lebensfähig ist:

„In meiner Not rief ich zum Herrn
und schrie zu meinem Gott…
Er griff aus der Höhe herab und faßte mich,
zog mich heraus aus gewaltigen Wassern.
Er entriß mich meinen mächtigen Feinden,
die stärker waren als ich und mich haßten…" (Ps 18,7.17–18)

Tatsächlich kann die Alternative zum Leben unter dem Herrschaftsbereich der „Feinde" nicht eine eigenmächtige Lebenssicherung sein, in der ich aus eigener Kraft dieser meiner Lebensspanne Sinn und Wert geben könnte und mit der ich die tiefe Angst besiegen kann, daß mein Dasein letztlich doch nichtig und leer ist. Unser Menschsein scheint nun einmal unausweichlich darauf angewiesen zu sein, einem Größeren und Mächtigeren anvertraut zu werden. Zu tief ist dieses Verlangen, sich an ein solches, einen Gott oder Götzen hinzugeben, offenbar in uns angelegt. Nur so ist ja auch zu begreifen, daß wir uns in die Abhängigkeit der „Götzen" begeben, daß wir süchtig werden und es so lange nicht bemerken, bis die Sucht uns zu vernichten droht.
Das heißt aber, daß Heilung nur durch einen *Herrschaftswechsel* geschehen kann, bei dem wir uns einem Gott anvertrauen, der es gut mit uns meint und der dieses unser Leben so „in seiner Hand hält", daß wir nicht wie Marionetten funktionieren, sondern in eben jenem Gehaltenwerden zu uns selbst und zu einem freien Ja zu diesem Leben finden.

10.1 „Gott ist König"

Wer die Psalmen liest, stellt rasch fest, daß wir bisher eine bestimmte Gattung ausgespart haben, die im Psalter einen beträchtlichen Umfang hat: die sogenannten Königspsalmen.
Der Leser wird nach dem Vorangegangenen ahnen, welchen Platz diese Texte im therapeutischen Prozeß haben, den wir glauben, in den Psalmen erkennen zu können: Sie visieren das Ziel an, auf das dieser Prozeß hinführen will. Nicht zufällig gipfelt das Psalmenbuch im Lobpreis des *wahren* Königs:

„Ich will dich rühmen, mein Gott und mein König,
und deinen Namen preisen immer und ewig …" (145,1)
„Der Herr ist König auf ewig,
dein Gott, Zion, herrscht von Geschlecht zu Geschlecht,
Halleluja!" (146,10)

Dieser wahre Herrscher wird über die Götter triumphieren:

„Kommt, laßt uns jubeln vor dem Herrn
und zujauchzen dem Fels unseres Heils!
Laßt uns mit Lob seinem Angesicht nahen,
vor ihm jauchzen mit Liedern.
Denn der Herr ist ein großer Gott,
ein großer König über allen Göttern." (95,1–3)

Ihre angemaßte Macht wird er ihnen nehmen und sie so richten (vgl. Ps 149,7–9).
So wie der ganze bisherige Weg, den wir mit den Psalmisten durchschritten haben, begleitet war vom Wissen um Gottes Gegenwart und Schritt für Schritt getragen war vom Dank (vgl. unten 10.2), so ist auch die Absage an die Götzen nur möglich im Vertrauen auf die Zusage der Herrschaft Gottes.
Was auf der politischen Ebene als anachronistisch, ja als Ärgernis empfunden werden kann, wenn die Psalmen dauernd vom König reden, dem es sich zu unterwerfen gilt, gewinnt in tiefenpsychologischer Sicht also seinen guten Sinn. Die Seele weiß sehr wohl, daß die Bibel recht hat, wenn sie davon spricht, daß der Mensch vor die Alternative gestellt ist, entweder unter der Herrschaft der „Mächte und Gewalten" (H. Schlier) oder unter der Herrschaft Gottes zu stehen. Ohne Ge-horsam können wir als Menschen nicht existieren. Das ist uns im Bereich des Biologischen so selbstverständlich, daß wir es kaum wahr-nehmen. Und doch gehorchen wir bestimmten Gesetzmäßigkeiten, wenn wir atmen, essen und trinken oder schlafen. Auf der Ebene des geistigen Lebens zeigt sich uns die Gehorsamsforderung als Herausforderung, zu unserer Geschöpflichkeit, unserem Dasein zum Tode Stellung zu nehmen. Gehorsam wird zum Hören auf den Ruf, dieses Stück Leben als von uns zu ver-antwortendes und zu gestaltendes anzunehmen. Gott als „König" über unser

Leben anzuerkennen ist somit gleichbedeutend mit dem Ja zu uns selbst, so wie wir uns vorfinden. Doch wie geschieht der Machtwechsel?

Überblicken wir dazu den zurückgelegten Weg, dann erkennen wir, daß sowohl der Anstoß dazu als auch der Prozeß der Entmachtung der alten Mächte von Gott selbst her geschieht, neutestamentlich gesprochen, durch den Heiligen Geist. Kein menschlicher Willensakt reicht aus, um die Blindheit zu durchbrechen, die uns im Bann der Götter gefangenhält. Nicht wir setzen Gott an die Stelle der Götzen, sondern er selbst ergreift die Herrschaft, wird König, wenn wir es ihm erlauben und zulassen.

Darin besteht unsere Aktivität, die durch das unerträgliche Leiden an unserem Zustand – Gottes „Fingerzeig" – ausgelöst wird. Die Gebundenheit des Depressiven an die Elterngötter ist vergleichbar mit der Abhängigkeit des Suchtkranken von seinem Gift. Dementsprechend verlaufen auch beide Heilungswege ähnlich. Therapeuten, die mit Suchtkranken zu tun haben, wissen, daß ein Weg aus der Gefangenschaft nur dann Aussicht auf bleibenden Erfolg hat, wenn der süchtige Mensch eine Beziehung zu einem Größeren als er selbst knüpfen kann, in dem er sich und die ängstliche Sorge um andere auf-gehoben erfahren kann.

Die Bestsellerautorin Robin Norwood (Wenn Frauen zu sehr lieben) zum Beispiel schlägt ihren Leserinnen als vierten Schritt zur Genesung von der Sucht, gebraucht zu werden, vor:

„Entwickeln Sie durch tägliche Übung ihren Sinn für Spiritualität" (S. 280) und sie schreibt dazu:

„Es kann eine ungeheure Erleichterung für Sie bedeuten, wenn Sie alles, was Sie nicht bewältigen können, einer Macht übergeben können, die größer ist als Sie selbst ... Ihre Spiritualität zu entwickeln – unabhängig von Ihrem religiösen Glauben – heißt im Grunde, den *Eigensinn aufzugeben,* die Entschlossenheit nämlich, alles den Verlauf nehmen zu lassen, den Sie für richtig halten. Statt dessen müssen Sie akzeptieren, daß Sie vielleicht nicht wissen, was in einer bestimmten Situation für Sie oder andere das Beste ist. Das mag zu Konsequenzen und Lösungen führen, die Sie nie in Betracht gezogen hätten, vielleicht ist genau das, was Sie am meisten fürchteten und unter allen Umständen verhindern wollten, gerade jetzt notwendig, damit sich Ihr Leben positiv verändern kann. Eigensinn bedeutet, daß Sie glauben, auf alles eine Antwort zu wissen. Eigensinn aufgeben bedeutet gewillt sein, innezuhalten, offen zu sein und sich einer Anleitung anzuvertrauen" (S. 281–282).

Vor dem Machtwechsel steht das Eingeständnis völliger Hilflosigkeit, des „inneren Bankrotts" wie es Luise Habel (Umarmen möchte ich dich) formuliert.

Die Psalmen legen davon beredtes Zeugnis ab. Zugleich zeigen sie aber ein Ringen um Gott als König, der dieses hilflosen Menschenkinds sich an-nimmt und es „mit Herrlichkeit und Ehre krönt" (Ps 8, 5–6).

In immer neuen Anläufen will der Psalmist die Nebelwand der Traurigkeit und Angst, der Verzweiflung und des Ausgeliefertseins durchstoßen auf die Vergewisserung hin: *Gott* ist König, ER hat die Macht, eine Macht, die anders ist als die der Mächtigen. Der Psalter, bemerkt ausdrücklich Erich Fromm, vollzieht als ganzer die Bewegung von der Trauer hin zur Freude (Ihr werdet sein wie Gott, S. 177). Es ist kein gradliniger Weg, sondern einer mit Höhen und Tiefen, wobei das Thema der Königsherrschaft Gottes wie eine Begleitmusik erscheint, die mal leise, fast unhörbar, dann stellenweise laut aufsprudelnd dieses Ringen begleitet:

Als gerechter Richter thronend „wird der HERR für die Bedrückten zur Burg in Zeiten der Not"; denn er verläßt keinen, der ihn sucht (Ps 9, 10–11). „Wer ist der König?" fragt Psalm 24, und der Beter antwortet sich: „Der Herr, stark und gewaltig ..." (24, 8). Immer wieder wird der Blick auf Ihn gerichtet, wird die zagende Seele zum Lobe des wahren Königs bewegt:

„Singt unserem Gott, ja singt ihm!
Spielt unserem König, spielt ihm!" (47,7)
„Alle Könige müssen ihm huldigen,
alle Völker ihm dienen.
Denn er rettet den Gebeugten, der um Hilfe schreit,
den Armen und den, der keinen Helfer hat.
Er erbarmt sich des Gebeugten und Schwachen,

er rettet das Leben des Armen ...“ (72,12–13)
*„Fluten erheben sich, Herr,
Fluten erheben ihr Brausen, Fluten erheben ihr Tosen.
Gewaltiger als das Tosen vieler Wasser,
gewaltiger als die Brandung des Meeres
ist der Herr in der Höhe ...“* (93,4)

Gegen die Bedrängnis durch die „Feinde“ und den zur Verzweiflung drängenden Zweifel wird die Königsherrschaft Gottes manchmal geradezu überschäumend beschworen, wie etwa in der dichten Psalmenfolge 95–100:

Er ist ein „großer König über allen Göttern“, (95,3),
„mehr zu fürchten als alle Götter“ (96,4),
„vor ihm werfen sich nieder alle Götter“ (97,7) ...
Darum: „Erkennt: Der Herr allein ist Gott!“ (100,3)
Ihm gilt denn auch das große Hallelujah. (Psalmen 146–150)

Vergegenwärtigen wir uns noch einmal den Vorgang des Machtwechsels, der von der Absage an die Götzen und Befreiung von den „Feinden“ zur Anerkennung des wahren Königs führt, so wird deutlich, daß weder die Klage noch die zugelassene Wut und der entladene Haß Heilung bringen können. Das „Herauslassen“ der unterdrückten Gefühle – so unabdingbar notwendig es ist – allein bleibt u-topisch, ort-los, wenn es nicht zugleich auf den blickt, der mich gerade *in* diesen Gefühlen annimmt und zum Leben ruft. Deshalb steht der Psalmist, wie wir sahen, von Anfang an „vor Jahwe“, dem er alles verdankt.

10.2 Danken als Befreiung

Das lobpreisende Danken, wie es uns in den Psalmen begegnet, hat nichts zu tun mit dem Dank als höfliche Geste, die uns als Kindern anerzogen wurde. Dadurch wurde uns der Zugang zum Dank als einem befreienden Tun leider vielfach verbaut, weil Danken zur lästigen Pflicht wurde, die das Kind notgedrungen auf sich nimmt, damit es die Eltern nicht blamiert. Es ist nicht leicht, Dank als einen Vorgang zu vollziehen, der wirklich von

Herzen kommt, auch wenn wir formelhaft immer wieder „herzlich danken".

Nicht umsonst haben wir uns ja der Mühe des langen Weges bis hierhin unterzogen, bevor wir vom Danken sprechen. Der Mensch mag sich einbilden, er sei dankbar, solange es in seinem Alltagsleben einigermaßen klappt, wie er es sich vorstellt. Schaut er gründlicher hin, was sein Tun und Denken bewegt, dann muß er feststellen, daß auch er undankbar ist, weil er das, was sein Leben ausmacht, nicht empfangen, sondern selbst machen will. *Jeder* Mensch, sagt Paulus, will trotz der Erkenntnis Gottes Ihn nicht als Gott an-erkennen und ihm nicht danken (vgl. Röm 1,21), das heißt also, er will sich und sein Dasein nicht verdanken.

Den Grund dafür haben wir inzwischen zu Genüge kennengelernt: Es ist das Mißtrauen, daß uns von den anderen, auch (und gerade?) Gott, letztlich nicht das zuteil wird, was wir ersehnen: bedingungslose Liebe. Deshalb führt der Weg zum echten Dank über den Abbau der inneren Festungsmauern, in denen die selbsternannten Herrscher ihr Regiment führen, solange, bis wir durchschauen, daß uns diese Mächte nicht Sicherheit bieten, sondern uns knechten.

Im Dank, so wie er uns aus den Psalmen entgegenkommt, öffnet der Mensch ja sein Herz dem wahren König und vollzieht sein Leben „vor Jahwe". Er bejaht sein Dasein in Armut und als Geschöpf Gottes. Er kann das jetzt tun, weil er weiß, daß dieser Herr ihn befreit von dem Druck, selbst seinem Leben Halt und Dauer, Ansehen und Würde verleihen zu müssen.

So vollzieht sich im *Danken* eine Wende seines *Denkens*, das vorher ja ebenso wie die Gefühle „verborgen" war, gefangen in der Sucht, sich durch Haben zu sichern statt der Sehnsucht seines Herzens, geliebt zu werden, Raum zu geben.

Wenn er aus seiner Not heraus sich Gott bedingungslos anvertraut, kann er die Erfahrung machen, daß er von Ihm angenommen und ihm neuer Lebensraum eröffnet wird:

„Er griff aus der Höhe herab und faßte mich,
zog mich heraus aus gewaltigen Wassern ...
Er führte mich hinaus ins Weite,
er befreite mich, weil er mich gern hat ...

Darum will ich dir danken, Herr, vor den Völkern,
ich will deinem Namen singen und spielen." (18, 18.20.50)

Mit besonderer Eindringlichkeit zeigt uns der bekannte Psalm 139, wie erst der Dank die Angst und das Mißtrauen in das Gefühl, aufgehoben zu sein, verwandeln kann, wenn wir uns vor Gottes Angesicht wissen. Der Beter führt sich vor Augen, daß er vor Gott nichts verbergen kann, daß er gleichsam nackt vor ihm steht und daß es keine Möglichkeit gibt, diesem „Blick" Gottes zu entfliehen:

„*Ob ich sitze oder stehe, du weißt von mir.*
Von fern erkennst du meine Gedanken.
Ob ich gehe oder ruhe, es ist dir bekannt;
du bist vertraut mit all meinen Wegen ...
Wohin könnte ich fliehen vor deinem Geist,
wohin mich vor deinem Angesicht flüchten?... (139, 2–3.7)

Solange wir unter der Herrschaft der verinnerlichten Götter leben, erweckt dieses Nachdenken über Gottes Gegenwart nicht Dank, sondern das beängstigende Gefühl der Unentrinnbarkeit, weil wir den Gedanken nicht vertragen können, daß uns jemand unablässig beobachtet und – *kontrolliert!* Damit der Mensch wieder frei atmen kann, muß zuvor dieser Gott sterben, so forderte es der Wegbereiter des modernen Atheismus, Friedrich Nietzsche: „Aber er – *mußte* sterben: er sah mit Augen, welche *alles* sahen – er sah des Menschen Tiefen und Gründe, all seine verhehlte Schmach und Häßlichkeit. Sein Mitleiden kannte keine Scham: er kroch in meine schmutzigsten Winkel. Dieser Neugierigste, Über-Zudringliche, Über-Mitleidige mußte sterben. Er sah immer *mich:* an einem solchen Zeugen wollte ich Rache haben – oder selber nicht leben. Der Gott, der alles sah, *auch den Menschen:* dieser Gott mußte sterben! Der Mensch *erträgt* es nicht, daß solch ein Zeuge lebt" (Also sprach Zarathustra).
Solange das Machtsystem des inneren totalitären Regimes auf den wahren König projiziert wird, ist der Gedanke der dauernden Gegenwart Gottes tatsächlich unerträglich. Jahrhundertelang wurde den Menschen aber genau dieser Gott vermittelt, der

nach Nietzsche sterben muß, bevor der Mensch menschlich leben kann:

„Und ein Buch wird aufgeschlagen,
treu darin ist eingetragen
jede Schuld aus Erdentagen.
Sitzt der Richter dann zu richten,
wird sich das Verborgene lichten;
nichts kann vor der Strafe flüchten ...“

So wurde in der Messe für Verstorbene in der Sequenz „Dies irae“ gebetet (Übersetzung nach dem SCHOTT-Meßbuch 1963).

„Deine Augen sahen, wie ich entstand,
in deinem Buch war schon alles verzeichnet;
meine Tage waren schon gebildet,
als noch keiner von ihnen da war ...“

betet der Psalmist (139,16).

Aber für ihn ist dieses Wissen Grund, zu *danken:*

„Denn du hast mein Innerstes geschaffen,
mich gewoben im Schoß meiner Mutter.
Ich danke dir, daß du mich so wunderbar gestaltet hast ...“

(139,13–14)

Wunderbar und unbegreiflich ist das Wissen (vgl. 139,6) darum, daß Ursprung und Ziel meines Lebens in der Hand Gottes liegen und sein *liebender* Blick mich anschaut. Auf diesen Blick freilich kommt es an. In ihm entscheidet sich, ob ich mich im Dank auf Ihn hin los-lassen kann oder ängstlich zu fliehen versuche. Entweder ver-danke ich mich in *allem,* be-greife ich mein Leben als Geschenk; oder ich mühe mich ab, dem Muß des inneren Tyrannen zu gehorchen und mir mein Lebensrecht durch immer neue Anstrengungen zu verdienen.

Das Danken, durch das ich von mir weg auf einen anderen mich öffne, dem ich zutraue, daß er es gut mit mir meint, erweist sich als entscheidender Schlüssel, um die Macht der Götzen zu brechen und den Weg in die Freiheit zu bahnen:

„Der Herr ist meine Kraft und mein Schild,
mein Herz vertraut ihm.
Mir wurde geholfen. Da jubelt mein Herz;
ich will ihm danken mit meinem Lied.“ (28,7)

Die Psalmen wissen aber auch, daß die innere Bedrückung und Niedergeschlagenheit so groß ist, daß die heilende Wende des Dankes nicht ergriffen, sondern nur erhofft und erbetet werden kann:

„Meine Seele, warum bist du betrübt
und bist so unruhig in mir?
Harre auf Gott; denn ich werde ihm noch danken,
meinem Gott und Retter, auf den ich schaue.“ (42,6.12; 43,5)
„Ich aber bin elend und voller Schmerzen;
doch deine Hilfe, o Gott, wird mich erhöhen.
Ich werde den Namen Gottes (auch einmal) rühmen im Lied,
in meinem Danklied ihn preisen.“ (69,30–31)
„Du ließest mich viel Angst und Not erfahren.
Belebe mich neu, führe mich herauf aus den Tiefen der Erde!
... Dann werde ich dir danken ...“ (71,20.22)

Ja, die Psalmen kennen das: daß der Dank im Halse stecken bleibt und eine Aufforderung, für das, was mir widerfährt, dankbar zu sein, blanker Hohn ist. Zu schwach ist so oft unser Vertrauen, daß die „göttliche Pädagogik“ uns auch (und vielleicht gerade) durch Phasen tiefster Depression zum Licht führen will.

Deshalb nimmt der Psalmist die ganze endlose Geschichte menschlicher Notsituationen zur Hilfe, um dem in „den Tiefen der Erde“ Steckenden Mut zu machen, weiter zu hoffen:

„Danket dem Herrn, denn er ist gütig ...
So sollen alle sprechen, die vom Herrn erlöst sind,
die er von den Feinden befreit hat“,

so beginnt Psalm 107, der dann zurückschaut auf so viele Situationen der scheinbaren Aussichtslosigkeit (107,4–41). Oft wird uns ja erst im Rückblick deutlich, daß Gott auch im Dunkel bei uns war und der Weg durch das Tal der Tränen uns weiter gebracht hat. Dann kann es sein, daß die Sätze aus dem 30. Psalm auch unsere werden können:

„Du hast mein Klagen in Tanzen verwandelt,
hast mir das Trauergewand ausgezogen
und mich mit Freude umgürtet.
Darum singt dir mein Herz und will nicht verstummen,
Herr, mein Gott, ich will dir danken …“ (30,12–13)

10.3 Jesus

Mit Begriffen und Einsichten aus der Tiefenpsychologie haben wir versucht, den Prozeß zu beschreiben, der sich im Psalmengebet ereignet: Wie ein Kind dürfen wir vor Gott unsere Not herausschreien und unserer Wut auf die Unterdrücker und Peiniger Ausdruck geben. Die entscheidende Erkenntnis geschieht, wenn wir die Projektionen der Psalmisten zurücknehmen und zu begreifen lernen, daß und warum wir die inneren Machthaber auf den Thron setzten und uns ihnen unterwarfen. Ihre Macht zu brechen und uns der Herrschaft des einzig wahren Königs zu unterstellen, wäre die not-wendige Konsequenz, die wir aus dem Leiden an unserem Zustand der Depression (des Niedergedrückt-seins) ziehen müßten. Als letzter Schritt in dieser Richtung, ja als entscheidender Hebel wird uns in den Psalmen das preisende Danken angeboten: Hallelu-jah,
lobet Gott!
Aber ist es so?
Mancher Leserin und manchem Leser werden sich nach der Lektüre die Worte entringen: „Schön wär's!“ Sie haben schon alles versucht, auch das Gebet der Psalmen, um aus der Depression oder anderen Zwängen herauszukommen; aber obwohl es zeitweilig so aussah, als gäbe es einen Weg heraus … –, bei nächster Gelegenheit hockten sie wieder im Loch und fühlten sich elender als zuvor. Sie werden auch dieses Büchlein enttäuscht zur Seite legen, auf den Haufen von anderem Geschriebenen, der sich inzwischen angesammelt hat.
Ich kann sie sehr gut verstehen, denn ihre Erfahrung ist mir nicht fremd. Die Rätselhaftigkeit unseres Herzens, das „im

Grunde" weiß, was wichtig und richtig ist, und uns doch immer wieder in dieselben Fallen treten läßt, ist verwirrend und schlägt unser mühsam errungenes Vertrauen auf Gott und unsere Fähigkeit, das Gute und Not-wendige auch in die Tat umzusetzen, plötzlich wieder in Stücke.
Dann stehen wir entmutigt vor den Scherben, fluchen auf fromme Sprüche und gute Ratschläge und fühlen uns – „beschissen". Manchmal fallen mir dann die Seufzer des Paulus aus dem 7. Kapitel des Römerbriefs ein: „Was ich tue, verstehe ich nicht. Denn ich tue nicht, was ich will, sondern was ich hasse, das tue ich ... Das Gute wollen, dazu bin ich bereit, aber nicht es auszuführen ... Ich unglückseliger Mensch! Wer wird mich befreien von dem Leib dieses Todes? Dank sei Gott durch Jesus Christus, unseren Herrn!"
(Röm 7,15.18.24–25).
Meine schmerzhafte Erfahrung und dieser Text lassen mich verstehen, warum die Psalmen und der in ihnen sich abspielende Prozeß nicht das letzte Wort für den um sinnerfülltes LEBEN ringenden Menschen sein kann. Immer neu zerbricht auch bei den Psalmisten der Aufschwung zu Gott daran, daß sie sich selbst und ihrer Leistung die Fortschritte beim Befreiungskampf zuschreiben oder im Selbstmitleid stecken bleiben.
Man könnte sagen: Es reicht einfach nicht aus, was an menschlichem Bemühen, Erkennen und Tun aufgewandt wird. In letzter Tiefe begreift der Psalmist, also ich selbst, weder die Not und Gott-verlassenheit der inneren Diktatur, noch hat er wirklich die Kraft zur Überwindung, die Kraft, die Fesseln des Todes zu sprengen und zu *leben.*
Die Bibel läßt den Heilungsprozeß der Psalmen erst in Jesus von Nazareth „in Erfüllung" gehen. Ich weiß für mich keinen anderen Rat als nicht aufzuhören, in meiner Ratlosigkeit auf Jesus zu schauen (vgl. H. Jaschke, Psychotherapie aus dem Neuen Testament. Heilende Begegnungen mit Jesus).

„Mein Gott, mein Gott, warum hast du mich verlassen,
bist fern meinem Schreien, den Worten meiner Klage?

Mein Gott, ich rufe bei Tag, doch du gibst keine Antwort;
ich rufe bei Nacht und finde doch keine Ruhe ..." (22,2–3)

Das Neue Testament deutet, wie wir wissen, Leiden und Sterben Jesu mit Hilfe der Psalmen. Für uns geht es hier nicht um exegetische Einzelheiten, sondern darum, daß „im Munde Jesu“ die Aussagen der Psalmisten zu ihrer eigentlichen Wahrheit kommen: Jesus ist der Mensch, der das Leiden des Psalmisten, mein Leiden, am eigenen Leibe durchträgt bis zum bitteren Ende (Mk 15,34). Er ist es aber auch, der es durch den Tod hindurchträgt und verwandelt zum Leben. Daß wir als „Schwestern und Brüder Christi“ teilhaben dürfen an seinem „Prozeß“, der sich in der Mitteilung des lebenspendenden Geistes vollendet, darauf beruht unsere einzige Hoffnung (vgl. dazu meine Meditation „Gib mir deine Fesseln“). Schauen wir noch etwas genauer hin, wie die Evangelisten die Situation der Psalmisten in Jesu Schicksal in Erfüllung gehen sehen: Die maßlose Enttäuschung über die Verleugnung durch einen Freund (Psalm 41,10) sieht Markus im Verrat des Judas an Jesus (Mk 14,18) „erfüllt“. Der Jesus in Gethsemani durchleidet die Depression des Beters von Psalm 42 (vgl. 42,6–12 mit Mk 14,34 und Mt 26,38); Ihm wurde zuteil, was der Beter von Psalm 69 schildert:

„Sie gaben mir Gift zum essen, für den Durst reichten sie mir Essig“ (Psalm 69,22: Mt 27,34; Lk 23,36; Mk 15,36).

Ihn haben sie ausgezogen, die Kleider unter sich verteilt und das Los um sein Gewand geworfen (Psalm 22,19: Mk 15,24; Mt 27,35; Lk 23,34).

Ihn, der für uns seine menschliche Würde preisgab, lästern die Gaffer und schütteln ihre Köpfe (Mk 15,29; Mt 27,39: Psalm 22,7–8).

Über ihn schütten sie ihren Spott aus, der jedes Vertrauen zu Gott ad absurdum führen will: „Vertraut hat er auf Gott; der reiße ihn jetzt heraus, wenn er will!“ (Mt 27,43 = Psalm 22,9).

Sterbend faßt Jesus noch einmal das Schicksal des Menschen zusammen und macht sich die Gottverlassenheit und die Gewißheit, daß Gott „sein Gesicht nicht verbirgt“ (Ps 22,25) zu eigen, die Psalm 22 – das jüdische Nachtgebet – ausdrückt (Mk 15,34).

Diese felsenfeste Zuversicht, daß Gott den Menschen nicht untergehen läßt, spricht der Beter von Psalm 31 aus: „In deine Hände lege ich voll Vertrauen meinen Geist“ (31,6). Lukas läßt Jesus vor seinem Tod diese Worte sprechen (Lk 23,46).

Die tiefe Erniedrigung des Menschen, ja das völlige Ausgeliefertsein des Menschen an die Feinde, hat Jesus durchlitten: in grenzenloser Einsamkeit, verhöhnt und von sadistischer Machtlust mißbraucht.
Aber was in den Augen aller als end-gültiges Vernichtungsurteil erschien, als trostloses Ende, war die Vorbereitung zum „Machtwechsel", den Jesus, vor Gericht stehend, mit Worten des 110. Psalmes ankündigt:
„Ihr werdet den Menschensohn sehen, sitzend zur Rechten Gottes ... (Mk 14,62).
Wenn wir den Blick auf den wahren König richten, dann trifft er auf den Menschen(sohn), der die Gefangenschaft und das Terrorsystem der Depression durchschritten hat. Der bereits zitierte Klient malte seine Lebenssituation in einem beeindruckenden Bild: links sieht man ihn als Gefangenen in einem engen Gefängnisloch sitzen, rechts ist er ein unfertiges Embryo im Mutterleib. Aus der Mitte des Bildes schauen den Betrachter aus einem Kindergesicht zwei große traurige Augen an.

In sein Tagebuch schreibt er am selben Tag:
„Psalm 42/43: Warum muß ich trauernd umhergehen, von meinem Feind bedrängt. Meine Seele, warum bist du so betrübt und bist so unruhig in mir. Harre auf Gott; denn ich werde ihm noch danken, meinem Gott und Retter, auf den ich schaue! Die Traurigkeit meiner Seele an mich heranlassen!
Der Psalm beschreibt meine Depression (lat.: de-primere, runter-drücken) ...
Ps 43, 5: Warum bist du finster, meine Seele und so „unruhig" (hebr. von „Meerestiefe, Flut, Ozean")
Jesus am Ölberg (nach Mt 26, 38): Meine Seele ist betrübt bis zum Tode ... (nach Nestle-Aland S. 74 Zitat von Ps 42, 6.12; 43, 5!) Jesus hat meine Depression durchlitten!
Deshalb werde ich ihm noch danken, meinem Gott und Retter ... Langsam beginne ich zu begreifen, warum es nur eine wirkliche Geschichte menschlichen Lebens gibt: die Jesu.
Ich darf in meiner Traurigkeit (Depression) auf ihn stoßen: in dem Gefangenen, den ich malte; in dem trostlos blickenden Kind, das ich in die Mitte malte und im nichtgeborenen Leben am Anfang!"
Einen Tag später notiert er:
„Laudes, Psalm 77:
Denke ich an Gott, muß ich seufzen,
sinne ich nach, dann will mein Geist verzagen.
Du läßt mich nicht mehr schlafen;
ich bin voll Unruhe und kann nicht reden ...
Mein Herz grübelt bei Nacht, ich sinne nach, es forscht mein Geist.
Lesung Röm 8, 35: Was kann uns scheiden von der Liebe Christi?
Bedrückung oder Angst? (das griech. Wort kommt von pressen, drücken; be-drücken: De-pression!!!)
All das überwinden wir durch den, der uns geliebt hat! (Röm 8, 37)
Geliebt-werden, unsere tiefste Sehnsucht ...
Was drückt mich nieder, macht mir angst.
Wo bin ich selbst, daß ER mich lieben könnte?
In grundlose Wasser bin ich geraten – ich suche mich als sinn-

voll, meine Füße suchen Halt: Gott ist mein schützender Fels, meine Zuflucht (Psalm 62, Vesper).
Gedanken zu meinem Bild (Gefangener – Kind – Embryo): Ich bin mir meiner Sinnlichkeit langsam bewußter (roter Hintergrund), es ist das übergierige Alles-haben-wollen des *Kindes* (Ausdruck der Trauer und des Habenwollens: Woll-lust) ... Die Angst ist die Angst, zu kurz zu kommen, etwas nicht zu bekommen, das ich *jetzt* haben könnte. Unbewußt ist die Verurteilung dafür. Sie wird überdeckt durch „religiöse" Praxis, ect. ..."
Ich breche hier ab. Es gibt kein Ende, auf dem sich nach vollbrachter Mühe ausruhen ließe. Das Psalmengebet beginnt seit Jahrhunderten immer wieder von vorne, die Wasser des Chaos, das alles zu ver-nichten droht, was wir glauben, errichtet zu haben, fluten immer neu heran. Es gibt nur eine Hoffnung: daß ER, der den Tod und seine Verzweiflung bezwungen hat, uns begegnet, mitten auf dem Meer, inmitten der aufgepeitschten Wogen, und uns anredet: „Mut! Ich bin es. Fürchtet euch nicht." (Mk 6,50).

Zitierte Literatur

Die Psalmen werden in der Regel nach der ökumenischen Übersetzung zitiert.

Balint M., Angstlust und Regression, Reinbek 1972.

Böhringer H., Innere Heilung, in: Erneuerung in Kirche und Gesellschaft H.3/1978, 23–25.

–, Zur Erhellung der Entstehung und des Wesens der Neurose, Sonderdruck.

Collins T., Decording the Psalms. A structural approach to the Psalter, in: Journal for the study of the Old Testament 37(1987) 41–60.

Daim W., Tiefenpsychologie und Erlösung, Wien 1954.

Deissler A., Die Psalmen, Düsseldorf [2]1979.

Erikson E. H., Der junge Mann Luther. Eine psychoanalytische und historische Studie, München 1958.

Eschenbach U., Das Symbol im therapeutischen Prozeß bei Kindern und Jugendlichen, Stuttgart 1978.

von Franz M.-L., Spiegelungen der Seele, Stuttgart 1978.

Fromm E., Ihr werdet sein wie Gott, Reinbek 1980.

Habel L., Umarmen möcht ich dich. Briefe an einen Therapeuten, München 1982.

Herzog-Dürck J., Grundströmungen der Lebensangst, München 1984.

–, Die Arbeit der Seele, Hamburg 1972.

Jaschke H., Psychotherapie aus dem Neuen Testament, Freiburg 1987 (= Herder Tb 1347).

Jaschke H., Gib mir deine Fesseln, München 1983.

Jung C. G., Die Beziehungen zwischen dem Ich und dem Unbewußten, Olten 1971.

Keel O., Feinde und Gottesleugner. Studien zum Image der Widersacher in den Individualpsalmen, Stuttgart 1969.

–, Die Welt der altorientalischen Bildsymbolik und das Alte Testament am Beispiel der Psalmen, Einsiedeln 2. Aufl. 1977.

Mahler M. S. / Pine F. / Bergmann A., Die psychische Geburt des Menschen, Frankfurt 1980.

Miller A., Das Drama des begabten Kindes, Frankfurt 1979.

Moser T., Gottesvergiftung, Frankfurt 1976.

Mühlen H., Einübung in die christliche Grunderfahrung I, Mainz 1976.

Norwood R., Wenn Frauen zu sehr lieben. Die heimliche Sucht, gebraucht zu werden, Reinbek 1986.

Preuss H.-D., Verspottung fremder Religionen im Alten Testament (= BzWANT 12), Stuttgart–Wien–Köln–Mainz 1971.

Rudin J., Psychotherapie und Religion (Seele-Person-Gott), Olten 1960.